回望

近代一百年

马勇 著

新星出版社 NEW STAR PRESS

序　言

　　《回望：近代一百年》里汇集的是我多年来随写随发、长短不拘的一些文章。这一次它们被秦青、李文彧两位资深编辑找出来，精心编排成一个似乎还有主题和体系的小册子。没有秦青、文彧的辛勤工作，以及明哲兄、蒋浩老师的敦促、协调，肯定不会有这本书。

　　历史学是我的专业，近代史是我很长时期的一个研究重点。近代史在过去的一百多年中，经过几代学者的努力，从一个学术性不强的泛政治化课程逐渐规范化。今天的近代史研究，就学术规范而言，与中古史、上古史等学科，并无很大差别了。

　　过去三十年，我也随着这个学科的成长而进步，就自己感兴趣的一些问题写出自己的心得。读书时，先生们总是告诫我们对于自己的写作要格外慎重，不要给自己留遗憾，"悔少作"。因而我在写作时始终坚持的原则是求异而不是求同，与前贤时贤相同相似的就不去写了，尽量说点自己不一样的心得。

我虽然并没有真正做到陈寅恪那样的境界——别人说过的我就不说了，自己说过的也不说了，只说自己最近的阅读与思考，但我确实尽量做到中立客观地讨论学术，有一分资料说一分话，有一点心得就说一点心得，假如没有新意，我也就不说不写了。这样一来，我的研究感觉好像总和别人的有点不一样。

其实，任何学术进步都是站在前人的肩膀上，在前人的基础上继续展开研究。我个人的研究也不能够超出这么一个规律。没有对前人作品的阅读、思考与吸收，历史学不可能进步。

过往四十年，中国历史学尤其是近代史，发生了颠覆性的变化。我回想读书时、刚入道时学术界对一些问题的看法，再看我们现在的讨论，很多时候都觉得恍若隔世，真不相信变化如此之大之速。

四十年间的进步，基础是新资料的发现与利用。很多我们几十年前很难见到的近代史资料，今天却可以轻易获得。这一方面是因为时间让许多历史问题逐渐脱敏；另一方面是技术的进步，尤其是互联网的出现，实在改写了知识生产的程序，过去以为有些资料肯定是看不到的，现在点几下鼠标就行了。

知识生产方式的进步，观念的调整，都使我们对近代中国百年史的评判有了新的可能，使我们有可能不是从狭隘的立场讨论近代百年的是非得失、恩怨情仇，而是从大历史、全球史的视角回望反思这段历史。

许多研究者将近代百年定位为"悲伤"、"沉沦"的历史，对此我并不反对。我的一点新提示是，我们在讨论百年悲伤沉沦的同时，也一定要看到中国的进步。简单而言，对这个进步有两个观察视角。

一个视角是，假如我们承认现代化、工业化是中国无法绕开的路，那么就应该承认近代百年的工业化、城市化进程，尽管还有很多不足，但毕竟从无到有，从小到大，短短的百余年中诞生了为数不少的中心城市，有了自己的工业基础。

另一个视角是，我们也必须承认一百多年间中国与世界的关系变化巨大。回想乾隆朝马戛尔尼的来华，道光、咸丰朝与西方的冲突，至清末民初，不过百余年，中国就从边缘重回世界舞台的中心，甚至参与两次世界大战之后国际秩序的安排。

从大历史去定位近代百年史，我们很容易看到这就是"三千年未有之巨变"的一个重要节点，中国从西周建构的农耕文明中走出，创造着一个全新的工业文明。从这个意义上说，这个历史巨变已经起步，已经跑了一段路，但距离一个全新的现代国家尚有漫漫征程。所以，我的意思是，回望百年，进步多多，成就巨大，但从大历史看，中国仍在突围中，有赖一代又一代中国人继续奋斗。

是为序。

马勇

2021 年 4 月 30 日，星期五

目 录

第一编 回望百年

以改良反制革命   3
    从维新到新政   4
    君主专制与君主立宪   5
    改良确实一度反制了革命   8

清末官制改革的启示   10
    皇权边界   10
    以责任政府为皇权分忧   14
    错失良机   18

帝制的终结   24
    一个新生阶级   24
    体制认同中的抱怨与哀鸣   26
    别了，皇上   28

共和关键 31
战争的最高境界 32
共和成了唯一出路 33
"黄袍加身" 36

中国革命的实现手段和主要途径 38
暗杀时代：一个不得已的选择 38
暴动：革命的主要方式 41
民变：革命的背景与铺垫 44

民初乱源 49
清廷积重难返 50
关键人物赵凤昌 52
谁的临时政府 55
法统之争 57

近代中日交涉：时机、教训及弥补 60
相互不信任缘起 60
老师与学生 62
日本的小计 64

近代东亚历史的转向 68
留给中国的精神遗产 68
日本胜利的理由 72
朝鲜因素 76

大变革时代：缘起、动力及方向　　　　　　　79
　　本末与体用　　　　　　　　　　　　　80
　　维新与变法　　　　　　　　　　　　　81
　　新政、宪政与君宪　　　　　　　　　　83

第二编　重建晚清历史细节

从历史因果链条中分析甲午战争失与得　　　89
　　地缘政治的调整　　　　　　　　　　　89
　　走向战争　　　　　　　　　　　　　　92
　　何以失败　　　　　　　　　　　　　　97
　　结局与影响　　　　　　　　　　　　　100

我们今天应该如何理解义和团运动　　　　　101
　　"义和团起山东"　　　　　　　　　　102
　　"不到三月遍地红"　　　　　　　　　105
　　所谓"宣战诏书"　　　　　　　　　　108
　　历史性灾难　　　　　　　　　　　　　113

晚清新政为何走向反面　　　　　　　　　　116
　　清廷的觉醒　　　　　　　　　　　　　117
　　从君主专制到君主立宪　　　　　　　　118
　　两个致命失误　　　　　　　　　　　　120
　　从君主立宪到共和　　　　　　　　　　122

辛亥革命并没有失败	**124**

辛亥革命发生的历史必然性 **126**
问题确实是从外部输入的	**126**
孙中山对中国问题的分析	**131**
革命是无法告别的	**136**

民国建立：中国版的"光荣革命" **142**
清廷为什么不妥协	**143**
民国是"谈出来"的	**148**
一个共赢的妥协方案	**152**

一战与中国：一个历史节点 **157**
蝴蝶效应：中日不同反应	**157**
重演十年前"局外中立"故事	**160**
《二十一条》提出	**163**
重建帝制的逻辑	**166**

澳门，现代中国的原点 **171**
发现东方	**171**
西方经验展示	**177**
开启现代中国	**183**

科举：一项被误解的制度 **186**
群众举荐与组织考察相结合	**187**
分数面前人人平等	**190**

时移世易：落后的原罪　　　　　　　　　195

第三编　百年文化启蒙

新文化运动的一条歧路：改造国民性　　　209
　　冲决网罗　　　　　　　　　　　　　209
　　新民与旧民　　　　　　　　　　　　214
　　启蒙真谛　　　　　　　　　　　　　217

文化的根本在政治
　　——关于新文化运动方向选择的反省　　223

"文化自信"还是"文化自卑"？　　　　228

梁启超对科学的期望与失望　　　　　　232
　　对现代科学的期望　　　　　　　　　233
　　破除"科学万能"的迷思　　　　　　235
　　对玄学的期待　　　　　　　　　　　238
　　对科学的失望　　　　　　　　　　　241

启蒙在路上　　　　　　　　　　　　　245

第一编 回望百年

以改良反制革命

当满洲人入关定鼎中原时，确实遇到剧烈反抗，所谓扬州十日、嘉定三屠，单单这些历史名词就让人胆战心惊。不过，经过几十年强硬镇压和柔性安抚，满汉之间的冲突慢慢消解，除了一些具有浓厚种族意识的大知识分子外，汉人实际上已接受了满洲人统治中国的事实，种族之间的融合虽说没有全面开始，但在下层社会，随着时间的流逝已不再那么激烈，即便到了鸦片战争，汉人也没有利用外部危机而发难。直至甲午战后，方才发生孙中山以民族主义为旗帜的种族革命。

从维新到新政

甲午战争的真相，国内民众根本不知情，即便是读书人也没有多少人明了这件事情的前因后果及其在近代中国的意义。只有从国内前往檀香山的孙中山在那里看到了中国军队在战场上的实际表现，并在外国舆论的影响下逐渐意识到中国军队无能腐败的根本原因并不在军队本身，而在体制，在清廷的腐朽统治。这就是孙中山革命思想的起源。

孙中山是一个坐而言起而行的革命家，他是这样认识的，就要这样行动。1894年11月，孙中山在檀香山成立兴中会。三个月后，孙中山就在香港数度游说日本总领事，希望日本政府支持他武装反清。那时中日战争还在进行，按照孙中山的设想，日本人一定会和他合作共同推翻清廷。然而，日本的战略目标并不是推翻清廷重建一个新政府，他们的目标除了领土、赔款，最重要的就是开放中国市场，准许日本资金自由进出。日本政府不可能支持孙中山这样名不见经传的小人物，孙中山的第一次广州起义还未发动就失败了。

这场未遂的广州起义究竟对清廷产生了怎样的影响，我们还没有直接证据去证明。可以肯定的是，清廷在此前后开始的维新运动，多少具有防范革命发生的背景。维新运动就是要解决体用两分、本末倒置的问题，就是要像日本那样在政治体制上进行某些改革。这无疑是对甲午战争所暴露出来的问题一种曲折迂回的回应。

维新运动顺利进行了三四年，不料到了1898年春，一场突如其来的胶州湾危机促使原本平和的政治变革加速进行，在稍后的一百天里，年轻的光绪帝发布了数不清的御旨，恨不得一夜之间将中国引领至日本明治维新的轨道。

激进的政治变革无疑超过了社会的一般承受力，引起了反弹，引发了1898年秋天那场政治大逆转，维新终结，中国向何处去，又一次摆在中国人的面前。

那时的改革，其目的就是一个，即怎样引领中国走向世界，成为与东西洋各国一样的国家，就是要克服先前几十年盲目自大、以自我为中心的中体西用。然而我们看到，当维新运动终结之后，所谓政治上的大逆转，恰恰与近代中国的大方向背道而驰，清廷不是引领中国迈向世界，而是利用民粹主义、民族主义情绪，将中国与世界隔绝。义和团运动的发生可能有许多原因和背景，只是统治者在面对这场运动时，确实没有光明磊落，确实有利用其排外情绪以化解政治困境的企图。

义和团运动是中华民族的政治悲剧，当这场运动烟消云散，中国重新踏上新政路途。清廷在1901年的新政宣示，表面上看是一种自主行为，其内里则是1901年《辛丑条约》所表达的"辛丑共识"：中国必须进行政治改革，必须尽快缩小与世界的差距，尤其是观念上的差距。这就是"辛丑共识"的意义。中国从此又迈上了一条顺应潮流的道路。

君主专制与君主立宪

辛丑共识主要背景是义和团运动引发的民族危机。这个危机除了民族主义原因外，还有一个因素就是孙中山和革命党人的势力日趋壮大，反清反体制已经不是几年前那样小敲小打的零星行动，而是一种有组织有纲领的政治行为。1900年8月，当中国的政治危机随着八国联军进北京，中国知识界中的一批精英不是想着救朝廷，而是在上海成立"中国国会"，大有趁此机会重建中国的味道，其中最典型的人物，就是极端激进的章炳麟。章炳麟在会议期间愤然剪掉标志着清朝顺民的发辫，脱去了清国标志的长衫，改穿西装，并专门写了一篇《解辫发说》，宣布与大清国彻底告别。反满革命思想从此逐渐成为中国思想界一个重要力量。

为了消弭反满革命思想，清廷化危为机，开启政治改革的大门，重回几年前维新变法轨道。应该承认，清廷这次是动真格的，毕竟只有几年时间，中国的面貌有了很大改观，地方自治、教育改革、司法独立、近代城市的发展与管理等，都有许多新气象。随着地方自治的推广，绅商和新兴的中产阶级出现了、发展了；随着教育改革，特别是新教育发展，先前争论激烈的科举制度竟然波澜不惊地被废除了；至于司法，两千年帝制时代不存在什么独立不独立的选择，所有官吏其实都是司法官，现在不一样了，司法从行政体制中抽离出来，司法本身的分权制衡也在那时建构起来了。这都是新政时期的重大进步。

新政的政治进步是明显且巨大的，只是新政始终没有解决一个方向性选择，没有为中国建构一个稳定的持续发展机制。也就是说，这几年的进步和先前几十年洋务新政时期的经济高速成长一样，都是行政独大行政主导的产物，从政治架构上说就是君主专制的产物，以君主的名义配置一切资源，无疑是高效且迅速的。只是这种体制的弊病随着日俄战争结束而凸显，中国如果不能从政治上建构一个全新的君主立宪模式，中国还有可能重蹈俄国人的覆辙。

日本的胜利不仅使清廷统治者惊醒，更重要的就像列宁所说，这是亚洲的觉醒。1905年的夏天，先前散布在世界各地的中国政治流亡者在日本胜利的激励下聚集东京，他们像朝圣一样欢呼日本的胜利，期望利用这样的胜利加快推翻清廷的进程。这些来自不同山头不同派系的革命者求同存异，成立了中国同盟会，选举孙中山为总理，建构了类似影子内阁的组织系统，反满革命的势头从来没有如此高涨过。

同盟会的成立是中国革命的高潮，其直接后果就是促成了清廷的预备立宪。清廷在1905年决定派遣大臣出洋考察宪政，其直接目标，就包含着以改革去化解革命，所以从这个意义上说，革命党人吴樾跑到前门火车站舍身炸五大臣，就是要用革命的恐怖阻止清廷走上立宪道路。只是革命党人这一次有点失算了，革命的恐怖不仅没有吓倒这些考察大臣，反而使清廷意识到政治改革是中国的唯一出路，因为革命党怕立宪。

1906年秋，考察大臣海外归来，他们向朝廷汇报考察心得，突出强调君主立宪政体利于君，利于民，不利于官，是到目前为止人类所发现的最不坏的制度。他们不仅从政体上以立宪有利于皇位永固、有利于外患渐轻、有利于消弭内乱这样"三个有利于"奏闻朝廷，而且还具体分析东西洋各主要立宪国家的权力构成及权力中心，以为美国是以工商立国的国家，纯任民权，其制度与中国不能强同；英国固然法良意美，但其设官分职，颇有复杂拘执之处，自非中国政体所宜，弃短用长，尚须抉择。与中国国情相似且其体制易于采择的只有日本。日本虽万机决于公论，而大政仍出自君裁，以立宪之精神实行中央集权之主义，其政俗尤与中国近。

改良确实一度反制了革命

清廷的立宪运动对海内外知识精英有着非常强烈的吸引力。按照梁漱溟的说法，他们坚信梁启超、康有为等人为中国问题所开的君主立宪处方是解决中国问题的灵丹妙药，认为梁启超所提倡、鼓吹的国会制度、责任内阁、选举制度、预算制度、国库制度、审计制度，乃至解决银行、货币等问题的制度，都是中国未来应该实行的优良制度，中国如果按照梁启超一班人的规划进行改革，就必然能够像西方国家一样，建设成一个近代国家。

君主立宪的稳步进行深刻影响了革命党，革命突然之间陷入空前低落。而且更厉害的是，清廷在稳定了国内局面之后，开始利用自己政治、外交上的优势，要求日本政府不要继续庇护孙中山等被中国政府通缉的要犯，因为这些政治流亡者一直试图用暴力推翻中国政府。

日本政府庇护中国政治流亡者已有相当久远的历史了，日本人其实就是多边下注，现在中国政府既然改革了，那么就听从清廷一次建议吧，就将孙中山暂时请出日本吧。随着孙中山的出走，在日本创办的那些革命报纸也随之关门或受到严厉打压，章炳麟先前风风火火的《民报》也在这种情形下被日本人关闭，章炳麟还为此与孙中山等革命领袖闹了一场不小的意气，这为革命阵营内部的分裂埋下了伏笔。

从人性的立场说，从来没有天生的革命家，所有的革命家都是被逼上梁山，一旦形式转圜，可以改良，也真的改良，那些先前闹革命的其实很容易回归主流社会参与变革。在1906年之后，革命阵营发生急剧分化，章炳麟、苏曼殊等人眼见革命无望，心灰意冷，托人找到张之洞等开明官僚，希望能提供一些资助，让他们西天取经，到印度当和尚，抄佛经。

章炳麟、苏曼殊这样的做法还只是放弃革命，更厉害更极端的是刘师培、何震夫妇，眼见得清廷立宪全面推进，眼见革命无望，几近公开离开革命，加入两江总督端方的幕府。过去说他们就此充当了清廷的鹰犬，其实今天看来，他们只是在国家形势趋缓之后回归主流放弃革命甚至反革命而已。

还有一个典型的例子是宋教仁。宋教仁原本就是一个宪政主义者，在清廷宣布立宪后，大约心中也有所感动，他在1908年前后竭尽心力写了一本《间岛问题》，主要是揭露日本人对中国东三省领土的觊觎。这本小册子写好后，宋教仁并不急于出版，而是托人转交给清廷军机大臣兼外务部尚书袁世凯。这无疑等于一纸投名状。袁世凯看了之后极为欣赏，托人传话希望宋教仁回来任职。宋教仁因故没有成行，但我们由此可以看到清廷立宪对革命的极大影响。

在清廷立宪运动的影响下，革命几近彻底瓦解，只是清廷太不够意思的是，他们在立宪的同时没有宣布大赦天下，没有下令赦免孙中山、黄兴这些曾经武力犯禁的革命者。这势必留下这样的后果，不论出于生存还是其他什么原因，武力犯禁革命者只好继续犯禁，于是有徐锡麟、秋瑾这样的暗杀活动，有孙中山、黄兴不断策动的武装起义。这些行动虽说不能证明革命处于高涨状态，但对清廷的立宪无疑又具有一种倒逼的功能。革命与改良处在竞赛途中，究竟鹿死谁手，现在还真的很难说。

清末官制改革的启示

自从中国进入帝制,由于"家国一体"特殊结构,没有一个王朝不想着江山永固、社稷永存,就像秦始皇当年所期待的那样,一世二世以至于永远,万岁万岁万万岁。但到帝制终结,没有一个王朝实现目标。原因何在?清末官制改革提供了一个令人深省的注释。

皇权边界

中国历史上的王朝,从秦朝开始,运气好的,不过数百年;运气不好的,几十年,十几年,甚至更短。过去的研究,一直比较倾向从统治方略进行检讨,比如政治包容、经济形势、阶级关系、周边冲突。这些当然都是王朝兴衰的原因,但从世界范围看,这些因素均非根本。

王朝兴衰存亡依据在于能否建构一个富有弹性的权力架构，能否将所有权、经营权分开，皇权不再事必躬亲，也就不再犯错。皇帝只是国家主权象征，是国民向心力所在。王朝日常事务交给专业经理人团队去打理，效果好的，多干些时日；效果不好的，可以随时撤换。这就是近代西方带给中国的宪政理念。清末官制改革，具有多重面相，但为皇权划定一个边界，则是这场改革最值得注意的内容。

从大历史看，清末官制改革，无疑是"三千年未有之大变局"中的一个历史节点，所要回应的是传统中国转为现代国家究竟应有怎样的制度设施。这场试验虽然因为后来的政治突变而不彰，但后世中国政治设施，或多或少都可从清末官制改革中找到其萌芽形态。

清承明制。在大的制度设施上，清朝建立后大致维持了明王朝架构，皇权为王朝最高权力，皇帝口衔天宪，拥有不可怀疑的至上权威。正如所有"家天下"君主所认识到的一样，江山社稷是他们祖上打下来的，因而他们具有强烈的"江山意识"，"朕即天下"。

普天之下莫非王土，率土之滨莫非王臣。天下者为我的天下，国家者为我的国家，没有任何人会看着自己的天下国家一天天坏下去而无动于衷。所以即便从自私观点看，清末官制改革为势所必至，不得不改。因而尽管遇到阻力，但最高权力层清楚这是大清王朝起死回生关键一着，只能成功，不许失败。

假如不是西方因素进入中国，清朝的政治架构完全足以应付帝国所面对的局面，何况清廷自身在过往历史中也不断调整。清初政治架构中并没有军机处，但因为实际需要，军机处后来却成为清廷处理政务最具效率的机构。

在清王朝原有政治架构中也没有总理各国事务衙门,但随着洋务新政兴起,总理衙门也成为晚清几十年一个重要的跨部院协调机构,曾发挥过重要作用。清末官制改革主要是因为随着几十年中国社会经济成长,新的社会阶级出现了,利益格局、权力格局都面临着调整。

1898年政治改革曾有过官制改革动议,只是那时新社会阶级还不够成熟,势力太小,因而随着政治变革中止而没有下文。

经过1898年后几年蹉跎,义和团运动让清廷最高统治层惊醒。又经过日俄战争刺激,最高层对国际大势有了新的认识。1905年8月31日,袁世凯、赵尔巽、张之洞联衔具奏:

> 近数年来,各国盼我维新,劝我变法,每疑我拘牵旧习,讥我首鼠两端,群怀不信之心,未改轻侮之意。
>
> 转瞬日俄和议一定,中国大局益危,斯时必有殊常之举动,方足化群疑而消积侮。①

外部危机,各国期待,成为清廷政治改革不得不进行的外部因素。

1905年开始的政治变革有许多内容,但就其实质,不外乎优化体制,提高效率,因而官制改革便成为宪政改革最重要内容。1906年9月1日发布的"预备仿行宪政"谕旨说:

> 我朝自开国以来,列圣相承,谟烈昭垂,无不因时损益,著为宪典。
>
> 现在各国交通,政治法度,借由彼此相因之势,而我

---

① 《会奏立停科举推广学校折》。

国政令积久相仍，日处阽险，忧患迫切，非广求智识，更订法制，上无以承祖宗缔造之心，下无以慰臣庶治平之望，是以前派大臣赴各国考察政治。现载泽等回国陈奏，皆以国势不振，实由于上下相睽，内外隔阂，官不知所以保民，民不知所以卫国。

而各国所以富强者，实由于实行宪法，取决公论，君民一体，呼吸相通，博采众长，明定权限，以及筹备财用，经画政务，无不公之于黎庶。又兼各国相师，变通尽利，政通民和，有由来矣。

时处今日，惟有及时详晰甄核，仿行宪政，大权统于朝廷，庶政公诸舆论，以立国家万年有道之基。但目前规制未备，民智未开，若操切从事，涂饰空文，何以对国民而昭大信。

故廓清积弊，明定责成，必从官制入手，亟应先将官制分别议定，次第更张，并将各项法律详慎厘定，而又广兴教育，清理财政，整饬武备，普设巡警，使绅民明悉国政，以预备立宪基础。①

政治改革转化为行政体制改革，而行政体制改革的焦点，就是重新厘定各方面权责，甚至要为皇权划定一个边界："大权统于朝廷，庶政公诸舆论。"

清廷宣布"预备仿行宪政"第二天（9月2日），按计划成立"编纂官制馆"，特派镇国公载泽及世续、那桐、荣庆、载振、奎

---

① 《清末筹备立宪档案史料》，44页，北京：中华书局，1979年。

俊、铁良、张百熙、戴鸿慈、葛宝华、徐世昌、陆润庠、寿耆、袁世凯等酌古准今,上稽大清王朝法度之精,旁采列邦规制之善,屏除成见,折衷至当,悉心妥订,共同编纂一套适合现实需要的新官制。又命端方、张之洞、升允、锡良、周馥、岑春煊等选派司道大员来京随同参议。加派庆亲王奕劻、孙家鼐、瞿鸿禨总司核定,候旨遵行,以昭郑重。

以责任政府为皇权分忧

又过了两天,9月4日,官制编纂大臣第一次会议在颐和园举行。会议决定官制改革分两步走:第一,先编纂行政、司法各制,其他领域暂且不去触动;第二,妥筹新机构以便安置被裁撤冗员。应该说,官制改革起步以稳妥、稳健为原则。

9月6日,设编纂官制馆于恭王府之朗润园,以孙宝琦、杨士琦为提调,金邦平、张一麟、汪荣宝、曹汝霖为起草委员;陆宗舆、邓邦述、熙彦、吴廷燮、郭曾炘、黄瑞祖、周树模、钱能训等为各课委员,参与具体政策讨论;六部及财政处、练兵处等亦派员参与相关政策制定。

1906年政治改革固然有外部因素、各国期待,但就其基本思路而言,此时改革是近代以来最稳妥,准备最充分的一次。五大臣出洋考察各国政治长达一年,尽管与日本明治维新初期重臣游历西方仍有很大差距,但毕竟中国具有"后发优势",只要诚心学习东西洋,就不需要从头摸索,更不需要摸着石头过河。桥就在那里。

东西洋成熟经验很容易消化,何况许多制度、规章,根本就不需要另起炉灶，直接移植即可。因此，此次改革远比想象容易得多。9月18日，编纂官制大臣载泽等上"厘定官制宗旨"折，建议从五个方面入手重建中央官制：

一、此次厘定官制，遵旨为立宪预备，应参仿君主立宪国官制厘定；

二、厘定官制因旧制精义浸失，名实不符，或事无专责至先推诿，或人无专事致多废弛。故此次厘定要旨，总使官无尸位，事有专司，以期名副责成，尽心职守；

三、立宪国通例，俱分立法、行政、司法为三权，各不相侵，互相维持，用意最善。三权分立而君主大权统之。现在议院遽难成立，先从行政、司法厘定，当采君主立宪国制度，以仰合大权统于朝廷的谕旨；

四、钦差官、阁部大臣、京卿以上各官，作为特简官；各阁院所属三四品人员，作为清简官；各阁院所属五品至七品人员，作为奏补官，八九品人员，作为委用官；

五、厘定官制后，原衙门人员不无更动，或致闲散，拟在京另设集贤、资政各院，妥筹位置，分别量才录用，仍优予俸禄。[①]

载泽等人提出的官制改革原则似曾相识，比如特简官、清简官、奏补官、委任官区分，集贤、资政各院设置，都与1898年政治变革时康有为、张元济等人建议相仿佛。唯一不同是，1898年改革比较粗疏，而这一次显然有足够思想准备，先易后难，稳步推进，并不祈求一次性解决所有问题。

1906年官制改革最大困难不是机构调整、冗员裁减，而是给皇

[①]《泽公等会奏厘定官制宗旨折》，《申报》光绪三十二年八月初八日。

权划定一个边界，让皇权担当帝国所有者重责，但不再具体处理帝国日常事务。官制编纂者根据孟德斯鸠三权分立原则，竭力主张废除军机处，成立责任政府，将行政权、司法权分开，让皇权退处于象征性地位。

据袁世凯幕僚张一麟回忆：

> 考察政治大臣回国时，一时舆论靡不希望立宪。南通张季直致书项城，以大久保相期，而自居于小室信夫。一日，余入见力言各国潮流均趋重宪政，吾国若不改革，恐无以自列于国际地位。且满汉之见深入人心。若实行内阁制度，皇室退处于无权，可消隐患。但非有大力者主持，未易达到目的。项城谓中国人民教育未能普及，程度幼稚，若以专制治之，易于就范。立宪之后，权在人民，恐画虎不成，发生种种流弊。余力言专制之不可久恃，民气之不可遏抑。反复辩论，竟不为动，且问余至此尚有何说。余曰公既有成见，尚复何词？退而悒悒。乃越宿，又召余入见，嘱将预备立宪各款作说帖以进，与昨日所言似出两人，颇为惊异，对曰昨日陈者只为救时之策，至其条目，则须与学习政治、法律之专家研究之。退而纠合金邦平、黎渊、李士伟诸君分条讨论，缮成说帖。后见北洋与考察诸大臣会衔奏请预备立宪稿，即余等所拟，未易一字。且知项城先与余辩论之词，实已胸有成竹，而故为相反之论，以作行文之波澜耳。①

---

① 《心太平室集》卷八，38页，上海书店，1991年。

为皇权划出一个边界，是为了让皇权永存，大清万岁。这是官制编纂者的基本共识。因而，官制编纂大臣庆亲王奕劻等按计划于11月2日（九月十六）提交的新官制方案，关于中央政府部分，就是合并军机处、内阁，基于宪政原则，合组一个全新的中央政府：

> 查立宪国官制通例，中央政府即以各部行政长官会合而成。盖一国之政至为殷繁，非有分司之官以各任其责，则丛脞必多。而庶政之行尤贵划一，非有合议之地以互通其情，则分歧可虑。故分之则为各部，合之则为内阁，出则为各部长官，而入则为内阁政务大臣，此现拟内阁官制之所由来也。内阁既总集群卿协商要政，而万机所出一秉圣裁，不可无承宣之人为之枢纽，故设总理大臣一人以资表率。总理大臣之称，初不昉于日本，我朝雍正、乾隆间，固尝有之。采邻国之良规，即以复圣朝之旧制，称名至顺，取则非遥。总理大臣既秉承圣谟，平章庶政，而维新伊始，机务尤繁，不可无分任之人为之参赞，必援立宪各国首辅一人之例，尚非其时，故设左右副大臣各一人宏辅弼。且夫君主神圣不可侵犯，各国宪法之通义，善则归君，过则归己，昔我先正之格言，是以发纵指示之权操诸君上，而承旨施行之责端在臣工，故内阁各大臣不可以不负责任。人有专事，事有专司，无兼营并骛之虞，乃有趋事赴功之效，故内阁各大臣不可以兼充繁重差缺。犹虑其权太重也，则有集贤院以备咨询，有资政院以持公论，有都察院以任弹劾，有审计院以查滥费，有行政裁判院以待控诉。凡此五院，直隶朝廷，不为内阁所节制，而转足以监内阁，皆

所以巩固大权，预防流弊。①

这就是此次官制改革设立责任政府的大致情形、理由，其内容与 1911 年发布的责任内阁章程极为相似，是中国政治现代化非走不可的一条路。皇权没有明晰的边界，就没有现代政治，也就没有什么江山永固。

错失良机

今人往往以自己的局限认识古人，我们今天认识不到三权分立的价值与意义，因而想象不到近人对三权分立的狂热。

仍据张一麐说：

>自预备立宪之书上奏，先从编纂官制入手，而轩然大波起矣。先是，京朝士大夫皆以为北洋权重，时有弹章。迨编纂官制局设于海淀之朗润园，孙宝琦、杨士琦为提调，周树模副之，编纂员十余人，皆各部院调入者。余与金君邦平从项城入都，故亦与焉。各员多东西洋毕业生，抱定孟德斯鸠三权分立宗旨，立法机关即议院，资政院及各省谘议局章程，皆当时所草（辛亥革命皆以谘议局为发端）。对于司法独立说帖尤多，行政官以分其政权。舌剑唇枪，互不相下。官制中议裁吏、礼二部，尤中当道

---

① 《清末筹备立宪档案史料》，469 页

之忌。自都察院以至各部，或上奏，或驳议，指斥倡议立宪之人，甚至谓编纂各员谋为不轨。同事某君自京来淀告余，曰外间汹汹，恐酿大政变，至有身赍川资预备届时出险者，其严重可知。北洋旧人如唐君绍仪、梁君敦彦，力劝项城出京，乃乘彰德大操，以钦派阅军为名，自京往彰德。南北两军，以北洋与两湖新军为攻守假想敌，余因发胃病，仅于第三日走排一往观光，事毕仍随节回津。①

原本平和的官制改革，却因倡导三权分立而受到各方面围攻，甚至酿成暴力事件。

这一方面表明"东西洋毕业生"对君主立宪的认知及追求，另一方面表明权贵集团维护君主专制体制的势力仍不可小觑。

还在讨论官制改革方案时，翰林院侍读学士柯劭忞9月27日上了一份奏折，强调：

> 朝廷变法，多采取于日本，然我国家之政体则有与日本迥不相同者，日本收幕府之权，革封建之制，不得不更张旧弊，以尊主而庇民。然其改定官制，效法泰西，犹迟至数年之久，屡遣大臣考察欧美各国，而后次第举行，盖更张之不易如此。国家官制本沿二千余年之规则，又经列圣因时损益，垂为成宪。值今日之时势，或添设以分繁剧之任，或裁汰以省虚縻之款，亦补偏救弊之要著。然欲一切更张，仅凭载泽等五人往返不及一年之调查，事太重大，

---

① 《心太平室集》卷八，38页。

期太仓卒，窃恐鲁莽操切之弊，均所不免，异日滞碍难行，悔将何及。且宪法之大端，一曰尊主权，一曰顺舆情。若政府之权太重，督抚之权太专，则主权将替。州县以下分设乡官，举措一乖，不肖绅衿倚势鱼肉，则舆情必壅。今中国上下议院不能骤开，即官制不能全仿外国，此诚宜周详慎重者也。盖更张之事，固当参用各国之成法，亦当以本国之政体民情为根据，方能由保存而进于开化。①

柯劭忞的要旨，就是反对照搬东西洋已有经验，东西洋无论怎样成功，都不能代替中国的实践、摸索，因为柯劭忞所抱住的一个历万世而不变的理由，即国情不同，任何改革都必须"以本国之政体民情为根据"。

类似柯劭忞这样的建议还有不少，他们的共同特点就是担心改革走得太远，架空皇权，损害满洲人的利益。这些建议，从好的方面说，有适度保守的姿态对冲过于激进的改革方案，大致总能让改革在一个稳中有进而不失控的状态中进行。近代以来的中国不是不改革，而是每遇改革，总有一些激进主义者不断加码，结果欲速则不达。事后反省，激进主义在一定程度上确实影响了中国进步，是好心办了不太好的事。

但是回到1906年官制改革，袁世凯等一批具有现代宪政意识的改革者力主废军机处，成立责任政府，将皇权从责权不分的旧体制中解放出来，这无疑是孟德斯鸠"三权分立"原则的中国化，是将混沌不清的王朝政治规范化。

---

① 《清末筹备立宪档案史料》，410页。

然而袁世凯等人"三权分立"、责任政府的建议引起各方面激烈争论，相当一部分皇族、贵族以为如此改革必将最终剥夺爱新觉罗家族，乃至整个满洲贵族特权阶级对王朝政治的垄断。他们所要的不是江山永固，社稷永存，而是他们这些权贵者对权力的最现实最直接的垄断、掌控。

针对三权分立、责任政府主张，满洲贵族出身的铁良提出反对建议，一方面反对撤销军机处，反对设立责任政府，另一方面提出设陆军部统辖全国军队，不仅欲将军权集中于中央，控制在他们这些贵族子弟手里，而且想尽一切办法削弱、剥夺非军功贵族官员的权力，限制官吏兼差。

这些主张与宪政改革大方向背道而驰，但他们的理由却是为了皇权，为了清帝国。这在监察御史刘汝骥9月30日上的一个奏折里说得很明白：

> 臣窃见载泽密陈大计折内，有君主无责任一语，臣百思之而不得其解，已窃窃疑之。继闻厘定官制大臣，有设总理大臣一人之议，是置丞相也。是避丞相之名，而其权且十倍于丞相也。欧美之伯理玺天德译为大总统，抑何弗直名之为总统乎，其谁与划此策者，臣窃期期以为不可。

刘汝骥以为，军机处设立是制度史的一个创举，"我朝受命之初，有议政王之设矣，然入则比肩长跽，出则同寅协恭，非一人所得专擅也。嗣去议政虚衔而立军机处，非独任其权也，盖犹是司出纳备顾问，义取迅速而已"。军机处是皇上直接掌控的工作小组，随时与皇帝一起工作，其效率至上，为制度史上所罕见。这是事实。

刘汝骥另外一个担心,是责任政府设立,总理大臣垄断权力,"把持朝局,紊乱朝纲,盈廷诺诺,惟总理大臣一人之意志是向,且群以伊、周颂之,天下事尚可问乎?窃钩者诛,窃国者侯;假王者烹,直王者赏"①。

维持皇权的拳拳忠心,自然比较容易赢得最高统治者赏识,没有哪个统治者愿意自动削减权力,自愿接受外在约束。这是人性使然。慈禧太后收到了庆亲王奕劻等官制编纂大臣提交的改革方案,也看到了铁良、刘汝骥、柯劭忞等人的反对建议,向来干脆、决断的慈禧太后后退了,她在随后的批复中,不仅发布了一个"五不议"的禁令,将军机处、内务府、八旗、翰林院、太监等五项改革无限期押后,而且实质上拒绝了为君主权力厘定一个边界,反对将清帝国所有权、经营权分开,依然要让皇权无处不在,让满洲贵族继续垄断清帝国的一切:"军机处为行政总汇,雍正年间本由内阁分设,取其近接内廷,每日入值承旨,办事较为密速,相承至今,尚无流弊,自毋庸复改。内阁、军机处一切规制,著照旧行。"②一个原本可以让清帝国万岁的机会,竟然被聪明一世的慈禧太后一念之差错过了。

慈禧太后在关键时刻阻止了清帝国的宪政转型,但她无论如何想不到仅仅两年时间,她与光绪帝在不到二十四小时内相继去世,而且她更想不到的是,在他们母子去世不到三年,清帝国还是被逼上了宪政改革之路,而且还是从建立责任政府开始。可惜的是,1911年的责任政府演变成了皇族内阁、权贵内阁,其十三名阁员中竟然有九人出身于皇室或满洲贵族,这些"太子党"并非没有能力,

---

① 《清末筹备立宪档案史料》,423 页。
② 《裁定奕劻等核拟中央各衙门官制谕》,《清末筹备立宪档案史料》,471 页。

并非均为草包饭桶,但在政治改革即将实行宪政的时候,权贵阶层对权力的垄断无疑激起了众怒。多少年来,研究者差不多认为这就是晚清政治变革失败的根源,是大清王朝退出历史的起点。

然而,也有人注意到1911年改革失误并引发新军反叛,主要是因为清廷此时失去具有权威的领导人,摄政王、隆裕皇太后的"叔嫂组合"没有办法与慈禧太后、光绪帝的"母子组合"相比。假如慈禧太后、光绪帝继续秉政,皇族内阁的事情或许不会发生。即便发生,也不至于引发灭顶之灾。毕竟慈禧太后、光绪帝具有非凡毅力、意志,具有掌控复杂局面的超常能力。假如慈禧太后泉下有知,她会后悔1906年阻止责任政府成立吗?

1906年的慈禧太后留下了军机处的高效、迅捷,但忽略了宪政国家皇权边界,仍然将皇权置于权力要冲,皇帝亲临一线,事必恭裁。至高无上的皇帝貌似勤政,实则为帝国政治留下了巨大漏洞。一旦发生重大政治危机,皇帝除了退位,王朝除了终结,还有什么办法可想呢?

帝制的终结

甲午战后,清廷朝野上下很快重建了维新共识,着力克服先前二十多年洋务新政埋头经济不问政治的偏向,开始有限度地进行政治改革,地方自治、民间经济,政府管控之外的社会逐渐发育和成熟,一个前所未有的新阶级即中国民族资产阶级就在政府和外国资本的夹缝中艰难成长。

一个新生阶级

民族资产阶级是中国社会的新生阶级,在过去两千年帝制时代从来没有出现过。帝制时代主要是自然经济,一家一户小农经济是其主要特征。至于政府,也不过是皇帝和他周边的利益阶层,全国上下各级官吏，其实都是替皇帝打工，吃着皇粮，替朝廷办事。

随着西风东渐，国门被英国军舰强硬挤开。五口通商虽然还是管制经济，但这个门缝已给聪明的中国人一道美丽风景。一部分聪明的中国人充分利用政策空间成了先富阶级，这就是洋务新政时期的大小买办，他们都是利用清廷的对外开放倒腾贸易和替外国人办事挣大钱的"白领"。

先富阶级在最初阶段还是被歧视被侮辱的社会下层，几千年重农抑商的政策导向已使传统中国社会构成了严整的士农工商"四民社会"。商人在传统中国不能说不存在，只是他们在这个结构中始终处于底层。你可以有钱，你也可以斗富，你可以过着甚至很富裕的生活，但是你就是没有政治地位。所以在传统中国，许多因某种机遇发家致富的人总是想法捐个官换取一点政治地位，或做点善事给社会留个好一点儿的名声。此外，他们无力作为。

传统中国之所以能够如此制约商人阶级的发生发展，说起来也就一个最简单的办法，那就是使商业资本无法转换成产业资本，这个政策的后果就是你无论有多少钱，除了吃喝，除了炫耀，其实没有多少意义。与这个政策相配套，还有一个最重要的政策是不给你确权，不承认你的这些财产来源的合法与正当，你的获取与使用永远都是暂时的，政策或者说皇上随时保留最后的剥夺权。

进入近代不一样了。西方私权观念引进了，商业资本转为产业资本的可能性，也因外国资本大规模投资而放松了管制，甚至为了与外国资本进行交涉，讨价还价，大约从1895年《马关条约》签订后，清廷有意无意放松对商业资本的管制，有时甚至刻意为中国商业资本开放一条小小通道。中国民族资产阶级就在这种夹缝中慢慢成长起来了，至1903年收回权利运动发生，一个新生的阶级逐渐成形。

新生的资产阶级已经不再是传统中国社会的商人,他们在获得了一定的经济地位之后,就要求政治上必须保证他们私产的合法性。民族资产阶级之所以那么热心地投身于地方改革、地方自治、基层社会的自我管控,其实就是一种政治意识的觉醒,是社会日趋成熟的表现。他们的代表有江苏南通的张謇、江浙的汤寿潜、湖北的汤化龙、福建的郑孝胥等。而在理论为民族资本政治权益进行论证的,就是康有为和梁启超。特别是梁启超,此时醉心于君主立宪,发誓要将中国从君主专制带入君主立宪。

体制认同中的抱怨与哀鸣

新政发展到 1903 年前后,又在细微方向上有所迷失。中国究竟是要建立一个强大的君主专制体制,还是建立一个并不一定强大但一定更稳固的君主立宪体制?前者无疑是国家资本主义形态,后者多少带有自由资本主义特征;前者利用行政主导有助于国力迅速提升,但无疑会因皇权因素发生偏差出现失误;后者短期效益或许不如君主专制来得快,分权体制一定会扯皮,但这种扯皮一定有助于减少失误,提升增长质量。

中国人的忧虑和争论还没有真正展开时,一场奇怪战争给出了明晰答案。日俄战争及其后续影响明明白白告诉中国:立宪是唯一可行的正道,君主专制已成往事。中国如果不能很快走上君主立宪的路,那么美国式的民主立宪对中国来说并非遥不可及,孙文和他的革命党集结日本,绝对不是一场社交聚会,他们的目标很明晰,手段步骤也具体。

在家天下背景下，清廷的决策简单而功利，既然革命不远，民主立宪不远，既然君主专制已成过去，那就面对现实，开始君主立宪吧。清廷的君主立宪改革，在这之前嚷嚷了很多年，使人觉得很难，甚至不可能，其实只要统治者觉醒，改革就是一念之间，哪有家长不希望自家更富有更和谐，哪有一国统治者不希望自己的国家兵强马壮国富民强？清廷的君主立宪改革在1906年一经宣布，中国社会局面根本改观，正在壮大的资产阶级一夜之间转化为立宪党人，激进的革命党人也出现大规模回流，从革命党转变为立宪党，从造反转为建设。

立宪运动的中坚力量就是这些立宪党人，他们不遗余力推动政治改革，在短短几年时间里，各省咨议局开张了，地方督抚面对那些民选议员的咨询开始畏惧了，开始战战兢兢了，中国多少有点儿官不聊生了。

从朝廷的立场说，立宪改革就是要扩大民众对官僚体系的监督和制衡，就是要消弭来自体制外的抗争，将各种引发体制外抗争的炸弹引爆。中国人的政治激情终因这场改革而被彻底激活。一个成熟稳定的立宪党有利于王朝统治持续稳定。

按照1908年颁布的《钦定宪法大纲》，中国当时所要建构的君主立宪体制并不是虚君立宪，而是像明治天皇、彼得大帝那样，是要建立一个立宪的强势政府。那一年，光绪帝不过三十六岁，他虽然不一定在寿命上有把握超越康熙大帝、乾隆大帝，但绝对想不到会英年早逝。更何况，光绪帝在十年前就将明治天皇作为目标，他的目的很明确，就是要像日本那样建构一个立宪体制，有一个近乎民选的议会出谋划策，另外还有一个负责任的政府。

然而两年后，光绪帝英年早逝，一个弱势的中央权力组合出现了，这就使立宪党人很忧虑，他们担心弱势的朝廷无法保证他们的利益，更担心弱势的中央无法阻断日本对东三省的野心。特别是在日本吞并朝鲜之后，立宪党人的恐惧日益剧增，亡国的阴影时刻笼罩在头上。亡国了，一切财富都不再，已有的一切都得重新洗牌。基于这种焦虑，汤寿潜、张謇、郑孝胥、谭延闿等人联合江浙闽等省绅商成立预备立宪公会，数次发起大规模的请愿运动，希望清廷早日立宪，以一个宪政政府和议会去补充弱势的中央权力中枢。

国会请愿运动是体制内抗争，是在认同体制的前提下要求朝廷加快政治改革以应付危机，这里当然不应排除立宪党人急于分享权力的焦虑，但是无论如何他们都是体制内的健康力量，他们请愿、呼吁，也就是体制认同前提下的抱怨与哀鸣。

别了，皇上

朝廷和摄政王当然清楚立宪党人的意思，知道他们不是孙文革命党那样的反体制力量，因此对于立宪党人的焦虑和呼吁，摄政王在最初犹豫、拒绝后，很快改变了初衷，同意立宪党人的要求，修正先前九年立宪筹备的既定规划为五年。

摄政王的改变唤回了立宪党人的信任，1910年岁末和1911年上半年，国内除了那场黄花岗起义外，大致上风平浪静，各方政治势力都在静等君主立宪起步，等待那个即将揭晓的责任内阁名单。立宪党那些领袖人物如张謇、汤化龙、汤寿潜、郑孝胥、赵凤昌等，是否想入阁，我们不太清楚，但他们肯定认为君主立宪第一步就是建立一个责任内阁，改变权力生态，防止垄断。

内阁名单不出台，大家还有一个期盼，等着出台。真的出台了，却是失望。1911年5月8日，清廷按计划公布了第一届责任内阁名单，十三个阁员竟然有九人来自皇室或皇族，这不是一个典型的皇族内阁、亲贵内阁吗？这不是明显的倒退吗？改革前，按照满汉双轨制，来自庶族的大臣怎么也有百分之五十或稍弱，现在竟然只有四人。这怎能不让立宪党人伤心欲绝？更可恶的是，皇族内阁出台第二天，新政府又颁布一个新政策，宣布将全国铁路干线收归国有。无论这个政策的出发点多正当多必要，但以立宪党人从民族资产阶级立场说，毫无疑问侵害了他们的经济利益，有国进民退的意思。

对于清廷的这两个政策，立宪党人很愤怒，但他们依然能够保持理性抗争和体制内反抗。湖北省咨议局议长汤化龙等人迅速行动起来，在北京召集各省咨议局联合会第二次会议，猛烈抨击皇族内阁，抨击铁路国有。此后全国各地的抗争运动，到处都有立宪党人的身影。

立宪党人的悲鸣是真诚的，这些抗争和呼吁并没有反叛体制，并没有对体制失望，他们之所以去游行去集会去请愿，是因为他们依然相信体制认同体制，否则他们会立即转身成为革命党。然而清廷太无视立宪党人的存在了，以为这些文弱书生终究闹不出什么大名堂。

文弱的立宪党人当然不会起兵造反，但当湖北新军实在受不了朝廷的拖延和鸵鸟政策发动起义时，最先站出来支持新军的，其实就是这些体制内的健康力量，汤化龙、张謇、赵凤昌、汤寿潜这批立宪党人即时应变，在支持湖北军政府的同时，也通电敦促各省咨议局响应。

体制内抗争演变成起义，但这并不意味着立宪党人这时真的就与清廷彻底闹翻，事实上，此时的清廷还有很大的回旋空间，袁世凯和一大批拥有军政实权的人并不赞同革命赞同共和，依然劝说各省新军和立宪党人重回君宪轨道。各省新军和立宪党人原则同意袁世凯等人的劝说，唯一的条件就是清廷要进行真正的改革，实行真正的君宪。然而，清廷内部强硬派实在是不知妥协不知退让，直至中央军的第二十镇主力张绍曾滦州发难，清廷方才下诏罪己，同意改革。

时间在不知不觉中流逝，清廷此时还有机会，立宪党人也没有全部失望，所以袁世凯的内阁很快能够组建，很快能够平息各地的动荡，但在稍后论及议会改革时，皇族中的政治家又无法接受一个民选的议会，无法同意将新议会交给人民去选举。到了这个时候，对立宪党人来说，实行君主立宪的希望越来越渺茫，这批立宪党人别无选择，只好与皇上告别，加入了革命的阵营，成为南京临时政府的主导力量，成为压倒清廷的最后一根稻草。

共和关键

时人在讨论辛亥革命时,有相当一部分人对大清王朝在革命后退出历史深表惋惜,以为这一结果实际上开启了此后的中国乱局,因而他们主张告别革命,特别是要告别辛亥革命这样的革命,重回革命前的状态,也就是君主立宪道路。如果这个说法仅仅出于对现实的焦灼,在很多时候也确实可以理解,但是如果将这个说法作为信史,以为辛亥革命真的搞乱了搞糟了,真的是此后长期混乱的根源,那么这个说法其实就是不太了解这段历史,至少不知道从君宪到共和的关键在哪里。

战争的最高境界

武昌起义发生后，清廷派遣陆军大臣荫昌率军南征，试图武力征服，恢复秩序与和平。然而武力恐吓并不见效，不仅湖北新军不愿屈服，反而使湖南、山西、江西等省新军像得了传染病一样相互感染，遥相呼应，一拨接着一拨闹光复闹反正，两百多年的大清王朝突然间面临着土崩瓦解的尴尬局面。

湖北新军和各省新军起义的目标很明白，他们在最初阶段并不是追随孙中山和革命党人什么共和民主理想，他们的政治诉求就是那么简单直接，就是要朝廷纠正5月8日皇族内阁和5月9日铁路干线国有化这两项错误政策，最大限度满足立宪党人对政治权力分享的要求，最大限度保护民族资产阶级经济权益。只是清廷在这个问题上自以为无错，因而始终装聋作哑，视而不见，听而不闻。这是湖北新军和各省新军相继起事的根本原因。

各省新军其实只是晚清军事改革的派生物，大致上说属于各省行政当局地方武装，其装备、训练等战争能力相当有限，因而尽管各省闹得很凶，只要中央新军即北洋六镇不出问题不闹事，大清王朝依然有办法稳住阵脚。所以武昌起义发生近二十天，清廷都不愿对各省要求给出一个正面的负责任的答复。

清廷的拖延终于引起了中央新军的愤怒。10月29日，也就是武昌起义不到二十天的时间，驻扎在滦州的北洋第二十镇将领张绍曾等联名通电，要求朝廷立即实行君主立宪，以定国危而弭乱。这终于使朝廷大梦惊醒，摄政王迅即下诏罪己，宣布废除皇族内阁，宣布实行君主立宪，宣布皇族不再干政，宣布按照北洋将领提供的政纲尽快改定宪法。总之，朝廷在中央军的压力下立即原形毕露，摆出一副一切好商量的面孔。

根据清廷宣布，袁世凯责任内阁11月16日正式发布，被拖延被扭曲的君主立宪政治改革应该说由此重回正确轨道，完整的君主立宪改革也就只剩下一个正式国会的召集，因而先前比较紧张的武装对峙在这个时候出现缓解的迹象。

两天后（11月18日），内阁总理大臣袁世凯将先前比较强硬的冯国璋从武昌前线调回北京，担任禁卫军总统；调段祺瑞出任湖广总督，并接替冯国璋遗留下的北洋第一军总统职务，负责武昌前线善后事宜。

段祺瑞是北洋将领中肯动脑子善于学习，并具有新思想的人物，他或许知道战争永远只是政治的不得已手段，政治家的最高境界一定是不战而屈人之兵，和平解决是一切冲突的必然选择，所以当段祺瑞11月28日抵达汉口接任湖广总督后，立即下令停止炮击武昌，暗示其部下可以通过各自关系与湖北新军进行联系，寻求解决方案；强调武昌起义只是体制内的一次兵谏，一场哗变，是对朝廷改革不力改革失误的抗争；强调南北新军在这一点上是一致的，别无二致，所以也就不必一定要兵戎相见。

共和成了唯一出路

武昌前线的和平攻势是袁世凯整体谋略的一个组成部分。就在段祺瑞就任湖广总督同一天（11月28日），袁世凯奏请朝廷颁发上谕，命刘承恩、蔡廷干前往武昌，继续开导革命党人，重回君主立宪政治轨道，重开和谈。

刘承恩、蔡廷干与黎元洪间的接触与谈判获得了预期效果，经过武力压制和好言相劝，黎元洪和湖北军政府在大原则上同意接受袁世凯的建议，南北和解，推动朝廷兑现政治改革诺言，重回君主立宪轨道。

然而，南北新军的和平共识并不被朝廷中的强硬派所接受。这些强硬派就是后来的宗社党人，也就是皇室小圈子之外的满洲贵族，他们是大清王朝的既得利益者，他们的祖辈追随爱新觉罗家族打江山坐江山，两百多年的政治经济特权，要他们在一夜之间放弃，要他们像平民政治家一样去竞争去竞选，他们无论如何想不通，这就是袁世凯责任内阁出台后，正式国会始终无法召集的根本原因。

从11月16日至12月16日，整整一个月的时间，正式国会的召集毫无进展，甚至在许多人看来，正式国会已经基本无望。怎样破局，怎样才能为中国政治找到一个新的方向？军方领导人，不管是来自南方具有一定革命倾向的新军人，还是来自北方的北洋新军将领，他们都对满洲贵族故意拖延极端不满，他们终于在忍无可忍的时候找到了一个突破口。

12月20日，段祺瑞的重要幕僚靳云鹏、曾毓隽、徐树铮、廖宇春受命与黄兴的重要助手顾忠琛在上海举行秘密谈判。他们认为南北之间如果因满洲贵族不让步而无法举行国会选举，那么君主立宪就是一条不通的路，中国如果继续在这条不通的路上僵持，长此以往，不是南北分裂，就是和平永无了期，受苦受难的还是全国老百姓，承担最大牺牲的还是双方军人。现在南方军人的宗旨就是实现共和，而这一点北洋新军并不竭力反对。北洋军并不认为民主共和与君主立宪势如水火，这两个方案其实都是立宪体制的正当出路，原不分彼此，只是君主立宪可能给国家带来的震荡小一些而已。现在满洲贵族既然不愿顺畅地接受君主立宪，既然君主立宪因满洲贵族的阻挠而日趋艰难，那么我们为什么不可以联合起来，放弃君宪选择共和，推举袁世凯出任新政府的首脑以稳定局势呢？我们现在已经不知道是谁最先提出的这个方案，但我们知道段祺瑞获知这个方案后表示肯定，同意靳云鹏等人不妨找黄兴部下谈谈，如果能够就此结束战争，如果能够使百姓免于战争恐惧与灾难，为什么不能试试呢？

段祺瑞的意思是对的。顾忠琛在听了这些介绍后深表赞同，南方革命党原本就没有继续打斗的资本，有了这个和解的机会，黄兴当然不会放过。更何况，黄兴早就有过相似考虑，早就与黎元洪商量过以推举袁世凯换取南北和解呢。

"非袁莫属"是当时国内外共识，只是袁世凯在此之前一直坚持重回君主立宪路线，黎元洪、黄兴面对袁世凯软硬兼施两手策略时，也只好接受重回君宪的要求。只是两个月快过去了，君宪主义的可能性越来越小，继续坚守君宪只是向那些满洲贵族中强硬派传递了一个错误信息。现在段祺瑞的代表向顾忠琛重提这个方案，深知此事来龙去脉的顾忠琛没有不同意的道理。顾忠琛代表黄兴表态说，袁世凯果真像各位所说的那样劝退清帝，为民造福，那么大总统一席，南方革命军一定全力支持。黄兴获知这个情报后也表示，自己之所以在过去几天不愿接受南方各界拥戴出任什么临时总统，其实就是虚位以待袁世凯。

基于这样的共识，段祺瑞和黄兴的全权代表达成五项秘密协议：一、确定共和政体；二、优待皇室；三、先推覆清政府者为大总统；四、南北满汉军出力将士各享其应得之优待，并不负战时害敌之责任；五、同时组织临时议会，恢复各地秩序。

"黄袍加身"

推举袁世凯为共和政体大总统这个方案是经过段祺瑞同意的，但这个方案在多大程度上代表了袁世凯的意思，历来众说纷纭。许多人认为这个方案就是袁世凯内心深处所想，只是段祺瑞悟了出来，代为进行而已。这当然是一种值得注意的揣测。不过更值得注意的是，当靳云鹏奉段祺瑞的命令携带这个方案前往北京向袁世凯报告，请其赞成共和，重建秩序时，袁世凯还是发了一通脾气，强调我袁世凯为大清国总理大臣，焉能赞成共和，以负重托？

袁世凯的生气应该是真实的，但他稍后的变化也应该是真实的。袁世凯生气是因为这毕竟牵涉道德层面，这是一个政治家最忌讳的东西。靳云鹏对此作了详细解释，特别强调这个方案已经段祺瑞等军方将领首肯，甚至说这就是段祺瑞等将领的指示。

靳云鹏的这个说法当然是有根据有事实的。段祺瑞等武昌前线的将领也确实是袁世凯最仰仗的一支力量，甚至可以说就是老袁的生命和根基。那么，这些高级将领都这样认为了，这样去做了，袁世凯如果继续坚持君宪立场究竟会怎么样呢？这就是袁世凯转变的关键。袁世凯再问：南方革命党人有这样的建议不稀奇，北方军人有这样的想法似乎还不可能，大家都是为朝廷效力，怎么能有这样的想法呢？段祺瑞究竟是怎样的考虑呢？

对于袁世凯的疑虑，相信靳云鹏早就和段祺瑞等人对过口径，靳云鹏毫不含糊地回答：段祺瑞统帅的第一军全体一致主张共和，并推举宫保为临时大总统。袁世凯对此仍不敢太相信——军心为什么会突然变成这个样子，这样做的后果你们想过吗，这将把我袁世凯置于何种境地，这不是明明白白要让我袁世凯不忠不义，不就是要让我背负欺负人家孤儿寡母的罪名吗?

袁世凯的这段表白,研究者因为他后来帝制自为,总以为是一种虚情假意,是其政治上不诚实的表现,甚至说袁世凯老奸巨猾,竟然对北洋嫡系都不愿说真话露真情。其实这种说法还是值得探讨的。那时还是帝制时代,像袁世凯这样的传统政治家更注意维护自己的政治信誉,现在事情既然闹到了这个分上,要相信袁世凯生气也并非完全是做作。不过,袁世凯毕竟懂得世界潮流,懂得顺势而为,既然皇族强硬派不配合,既然新军将士有如此要求,那么自己断然拒绝不合作,形势可能更糟糕,与其让别人将国家弄乱,更糟糕,那还不如自己顺势而为接受推戴,重建一个新体制。至少由自己出面协调,也能更好地维护皇室利益吧。几经犹豫与徘徊,袁世凯终于走出第一步,从君宪主义转向共和。只是袁世凯的觉醒毕竟有限得很,充其量只是"一个有限的共和主义者"。

中国革命的实现手段和主要途径

中国革命自孙中山1894年成立兴中会开始就走了武装斗争的道路，但是由于中国历史的特殊性，中国革命从一开始就面临着力量悬殊的重大难题，革命与反革命根本不成比例。力量悬殊当然不是不革命的理由，只是力量悬殊就迫使革命者采取一些非常规手段，否则就要将革命沦为空谈，革命就毫无希望。孙中山和其他革命领袖所领导的革命活动，只能根据形势的发展，运用暗杀、武装暴动等方式，利用民间自发骚动等机会，持之以恒坚持不懈，终于将一个人的革命演变成全民族的觉醒。

暗杀时代：一个不得已的选择

中国并没有暗杀的传统，更没有自杀性恐怖袭击传统，两千年历史上也就只留下"荆轲刺秦皇"这样为数极少的故事。到了清末，到了革命兴起，中国突然流行了暗杀，甚至有了一个"暗杀时代"。

这些英雄故事，根据记载，在晚清政治革命时期至少有五十多起。如果从性质上说，影响最大的无疑是为了配合革命党人发动的武装起义而进行的暗杀活动，刺杀目标直指清廷大员，有擒贼先擒王的意思。

1906年萍浏醴起义爆发后，杨卓林等革命党人在南京运动军队和会党响应。起义失败后，杨卓林和李发群等人至扬州联络会党，密谋刺杀两江总督端方，虽未能成功，但确实对清廷有相当震慑作用。

等到清廷预备立宪政治改革开始后，革命逐渐进入低潮，困难重重，为了激励士气，革命党针对性地刺杀一些政治要员，特别是那些积极投身于政治变革的要员。在革命党人看来，积极的政治改革就是对革命的扼杀，所以这样的大员也就成了刺杀目标，类似的情形主要有徐锡麟1907年刺杀安徽巡抚恩铭。徐锡麟固然是革命志士，中华民国的开国大英雄，但从另外一个层面说，恩铭毕竟是其恩公，恩铭收留了徐锡麟，给予重用，因而引来杀身之祸，这也是后来清方对徐锡麟挖心烹食的主因。

与杨卓林、徐锡麟的事迹相仿佛的还有李燮和、陈方度1911年谋刺广州巡警道王秉恩，蒋翊武谋杀湖广总督瑞澂等，都多少具有与武装起义相互配合的意思，都是以个人生命去换取武装起义的成功。

武装起义失败后，革命残部为报仇，对那些残酷镇压起义的清廷官员给予报复，并防止这些官员以后继续残杀革命党人，这方面的例子也有很多，最突出的莫过于汪兆铭1910年前往北京谋杀摄政王。这是以最小代价换取最大成功。

类似情形还有黄花岗起义失败后，黄兴等人复仇心切，试图用个人暗杀手段解决几个清廷大员，派遣支那暗杀团成员林冠慈、陈敬岳刺杀广东水师提督李准。8月13日，林、陈按计划行动，投掷炸弹重伤李准，林冠慈当场被李的卫队乱枪打死，陈敬岳被捕后被杀。

李准受伤后闭门不出，革命党人无计可施，毫无办法。适逢新任广州将军凤山到任，黄兴改以凤山为刺杀目标。为防失手，改用重型炸弹，并在其中装有毒药。后在凤山经过的路口，还真的就这样得手，凤山当场毙命。

谈到清末最后一段时间的暗杀事件，影响最大的莫过于张先培等人刺杀袁世凯，彭家珍刺杀良弼。这两起谋杀案，主要功能是惩处元凶巨恶，有杀一儆百的意思。

当南北和谈进入胶着状态，革命党人以为是袁世凯从中捣鬼，为消除隐患，尽早结束南北纷争，革命党人决定对袁世凯动手。1912年1月10日，彭家珍、罗明典、张先培、郑毓秀、钱铁如、傅思训等十多名暗杀团成员提前埋伏在袁世凯早朝必经之路，准备袭击。

十时许，袁世凯的车队途经革命党人设伏地点，立即遭到激烈的炸弹袭击，袁世凯的座驾被炸翻。不过袁世凯并没有在这个座驾里，而是骑马前行，得以逃命，躲过一劫。

从客观效果看，革命党人对袁世凯的行动恰恰帮了袁世凯的忙，因为此前清廷内部强硬派认为袁世凯与革命党有关联，现在革命党对袁世凯下手，证明袁世凯对清廷的忠诚，这就为清帝后来和平退位预留了机会。

与刺杀袁世凯情形相仿佛的是彭家珍杀良弼。良弼是清廷内部强硬派宗社党的领袖，是南北和谈、清帝退位的最大障碍。为了清除良弼，革命党人彭家珍决定单独行动。1912年1月26日晚，化装后的彭家珍来到良弼官邸，得门卫同意，在门前恭候。半夜时分，良弼归来，彭家珍迅即出手，投掷炸弹，良弼重伤，稍后死去。彭家珍当场毙命，壮烈牺牲。

良弼死，大局定，宗社党鸟兽散，清帝退位水到渠成。

暴动：革命的主要方式

同盟会成立一年后，孙中山就和章太炎及黄兴等人制定了一份《革命方略》，以作为同盟会此后工作指导方针。这个方略包含《军政府宣言》《军政府与各国民军之条件》《招军章程》《招降清朝兵勇条件》《略地规则》《对外宣言》《招降满洲将士布告》《扫除租税厘捐》等文件。由于这些文件制定在同盟会发展比较顺利而清廷的政治改革尚未完全启动时，所以革命党人此时情绪比较乐观，以为义师所指，就能推翻清廷，建立军政府，就能使中国从满洲人两百多年统治中解放出来。所以《革命方略》对夺取政权后的建设有很多设计，提出军法时期、约法时期这样对后来影响很大的政治概念。

《革命方略》的重点，是以武装的革命反抗，推翻武装的反革命，所以这份文件对武装斗争，对暴力革命给予非常正面的肯定和讴歌，以为革命党人之所以不与满洲统治者合作，不愿介入满洲人主导的政治变革进程，主要是因为两百年来满洲人的政治统治足以证明这些改革不可信，与其瞎耽误功夫浪费时间蹉跎岁月，不如下定决心，用最简洁的办法推翻这个反动政权，重建汉族人的国家。至于为什么一定要说满洲人为异族政权，并没有多少道理，只是革命党人坚持不懈这样说，三人成虎，许多人也就觉得满洲人建立的大清国还真有点儿像外来政权，应该驱逐。

革命党人有自己的政治理想，但革命党人并没有自己的力量特别是军事力量，所谓推翻清廷，其实只能利用甲午战争之后各地不断兴起或恢复的秘密结社也即会党，还有就是清政府在1895年之后建立的新军，因为这批新军在接受东西洋军事训练的同时，也多少接受了东西洋各国近代的新思想。

在利用会党、马贼等民间力量反抗清廷时，革命党人能够做的，其实就是利用在海外通过华侨华人募集来的钱购买武器弹药，然后将这些武器弹药交给这些民间力量，同时也要给他们一些钱作为补偿或军饷，这是同盟会成立后组织的重大武装起义使用最多的一种手段。而这些革命党领袖基本上处于流动状态，大部分时间生活在国外，偶尔通过特殊渠道返回国内，进行策动，因而这些起义从根本上说没有真正的民意基础，不可能建立巩固的根据地，不可能从根本上震撼清政府的政治统治。

同盟会成立后构成一定影响力的武装起义，还是从1906年的萍浏醴起义开始算起。湖南的醴陵、浏阳和江西的萍乡、万载等县，为湖南、江西两省交界处，其实就是一个三不管的地方，因此是长江中游哥老会分支洪江会的活动区域。

在同盟会成立前，由黄兴任会长的华兴会谋划在慈禧太后七十大寿时举行一次起义，在省城长沙进行一次连环爆炸，最好炸死前来行礼的清廷高官，然后乘机起事，扩大战果。只是华兴会本身的力量还是比较弱小，为了这次起义，华兴会只好联络各地会党共同参与，军事行动的实际领导人就是洪江会首领马福益。

然而由于风声走漏，华兴会长沙起义未及举行就被官府获知，黄兴、宋教仁、陈天华、刘揆一等分头逃走，马福益或许因为江湖背景，相信有办法逃脱朝廷追捕，不料被官府抓获并被杀害。

黄兴、宋教仁等人先后逃往日本，他们在那里与孙中山会合并于第二年联合成立了同盟会，华兴会作为一个独立组织不再存在，但同盟会的总部支部其实就是原来华兴会的那些人，他们的工作重点依然是两湖即长江中游一带。

1906年春，刘道一、蔡绍南受同盟会东京总部的委派返回湖南秘密发动会党或新军寻机起事，很快与华兴会旧部蒋翊武等人以及会党首领龚春台等取得联系。根据黄兴的指示，他们决定利用会党力量在萍浏醴三地同时发动，然后分兵进攻长沙、南昌，同时在这个过程中还要充分利用军队中力量一起参与，因为会党不仅缺乏武器装备，而且缺少训练，无法持久，起义能否成功就看能动员多少新军反戈一击。

经过一段时间筹备，他们帮助龚春台联络哥老会各部，并重建了"六龙山洪江会"，推龚春台为大哥，确立接受同盟会领导，以反满兴汉为宗旨。虽然保留了江湖会党的习惯、习气和做派，但毕竟接受了同盟会的领导，成为同盟会后来举行起义的重要凭借。

在同盟会的帮助下，六龙山洪江会发展迅猛，很快就集结了十万之众。只是人数众多并不意味着力量强大，反而因人数众多容易走漏风声。1906年底，龚春台、蔡绍南等通过各路码头发动起义，起义军迅速占领浏阳、萍乡一些地方，但由于起义军组织涣散、装备太差，起义在清军大规模围剿下很快结束，阵亡或被捕被杀害的义军将士不计其数。

当刘道一等人策划湘赣交界地区起义前后，孙中山也在利用地缘优势经营两广。他一直希望能在那里突破，因为那里不仅是他的故乡，人头熟，更重要的是那里天高皇帝远，大规模清军调动并不是那么容易。他希望在两广获得突破后，据两广为根据地，然后大举北伐，其内心深处的模仿对象大约就是洪秀全和他的太平军。孙中山后来在民国时期几次以两广为根据地策动革命，其实都有类似考虑。

在两广，孙中山依靠或者说凭借的力量与黄兴等人在两湖非常相似，主要也是会党，而且由于两广濒临大海，不仅方便接受从海外运送来的军火、人力、物力,更重要的是便于撤退,便于转移。孙中山的目标只是要不断惊动清廷,因为他从两广打到北京,不是不可能,而是根本不知要打到何年何月。

尽管如此,孙中山还是知其不可为而为之,自从1894年发誓推翻清朝以后,孙中山一次又一次地在两广发动武装起义,真是英勇不屈,屡败屡战。1907年春,随着清廷立宪步伐加快,革命危机日趋加深,孙中山也加快了武装起义步伐,干脆在河内设立了比较固定的指挥机关,全面策划和指挥在两广及其周边地区的武装起义,于是有1907年的黄冈起义、七女湖起义、防城起义、镇南关起义,以及1908年的钦州马笃山起义、河口起义等。这些起义虽然无不以失败而结束,无不付出沉重代价,但这些失败丝毫没有使孙中山、黄兴等革命领袖失去信心,相反,他们在失败中看到了希望,在失败中找到了经验。由此完全可以相信,假如不是辛亥革命获得了成功,不论革命党人怎样边缘化,怎样人数萎缩,相信孙中山一定都不会放弃,一定会坚持武装斗争到底。

民变:革命的背景与铺垫

1895年的《马关条约》允许外国人到中国自由办厂开矿,中国由此进入一个真正意义上的工业化时期,大规模的铁路建设、矿产资源开采,各大中心城市相继成型,使大量农村人口因各种原因脱离土地,或是因为土地被工业发展所征用,或因乡村太穷流浪城市。总而言之,1895年之后的中国社会流动人口日益增加,社会骚乱和社会冲突必然呈增长趋势。1900年义和团运动兴起可能还有其他原因，但明显的一个特征就是大量无工作无合法收入的流民普遍存在于城乡。

《辛丑条约》后，中国进入一个新的发展时期。清廷先是以新政相号召，继则开始轰轰烈烈的预备立宪运动。按照过去的说法，群众性骚乱或社会冲突一定是人民群众对腐朽政治的反抗，是一种体制性抗争。现在清廷新政了，立宪了，社会不是更安定了更和谐了，而是相反，社会骚乱和社会冲突却在这几年大幅度增加。这究竟是什么原因呢？是人民不能认同政治变革，还是另有原因在？

其实，在中国传统社会，甚至在非传统的现代社会，中国人对于政治并没有特别偏爱，假如不是政治找来，一般地说，老百姓并不关心政治上谁上台谁下台，这不是中国人没有政治常识，需要政治启蒙，而是中国政治传统使然。按照中国政治传统，政治从来就是"食肉者"的事情，只要这些职业政治家能够把持基本的社会公平，老百姓乐于放弃手中的权力，不会对政治有什么特别兴趣。老百姓的关怀是非常实在的，就是生老病死、吃穿住行，就是最简单又最实际的物质生活。

那么从这种观点看，为什么当新政发生后，当预备立宪发生后，中国社会的内在紧张不是消解了减弱了，而是更趋紧张更趋严重了呢？要弄清这中间的因果关联，还得从中国政治特征上找。

中国政治在很多时候最崇尚无为，君主无为，人民安宁。君主整天张罗着这事那事，人民不厌其烦。由此观察1901年之后的新政，中国政治生活其实走上了与先前很不一样的道路，新政本身就是一种作为，由新政又带动了相关各种各样的外观设施与事情，新政几乎没有考虑老百姓的实际力量，总是碍于西方文明的影响，以为事事处处都应该无条件模仿西方。不知治有本末，功有缓急；不知国之强弱,在于能否得人心,而不是徒有外表,徒有高楼大厦。新政处处要用钱,而那时国库空虚,每兴一事,必增一税或必加一赋,于是民怨沸腾,铤而走险。一旦民众的负担超过了他们实际上可以负担的界限,达到临界点,那么社会骚乱社会动荡就必不可免。这是清末十年社会冲突的关键。所以社会管理与社会控制方面,清廷最注意的要点就是一再重申不得向百姓随意加租随意加税,希望用最小代价去换取社会进步与发展。

然而朝廷的希望与要求每每落空。地方政府与豪强总是借着新政进行实体性建设,朝廷号召新政要建新学校,地方政府和豪强就乘机向民众摊派,向政府请款;朝廷号召办警察机构,维持地方秩序,地方政府与豪强也借机向民众征收保护费;朝廷鼓励各地重视商业开发实业,地方政府和豪强也利用这个机会向商贾征收各种名目的苛捐杂税。总而言之,任何有为的政治,都会被地方所滥用,于是新政的效果不是给一般民众带来什么实际利益,而是随着新政项目的增加而增加了许多无端的苛捐杂税额外负担。这就是晚清最后十年社会冲突没有随着新政随着预备立宪而减少反而日趋增多的根本原因。

朝廷每一个有作为的新政,都成为地方政府尤其是豪强的一个商业机会,这些新政当然也给百姓带来一些好处,比如兴学、保商等。但从总体上说,从具体生活感受说,由于新政几乎都需要老百姓提供经济协助,因而新政越多,对老百姓来说就是负担越重,出钱越多。

有的地方精明的领导人或许会实行有节制的"养鱼"政策,不会一次性将老百姓盘剥干净,而是注意适度,注意让老百姓活下去。而有的地方,由于主事者短视或者太贪婪,总是竭泽而渔,所以使得那些地方的百姓不论坐商还是流民，总是处于贫困状态。于是民怨沸腾，社会冲突加剧。最严重的就像1910年在长沙发生的抢米风潮，这里虽然有自然灾害的因素，但自然灾害并没有使所有人没有粮食吃，而是有人饿死，有人反而乘着这样的机会做大米生意，赚取巨额利润。仔细分析长沙抢米风潮的根源，除了豪强、劣绅乘机赚钱外，也有地方政府乘机攫取不法利益，不顾人民死活的情事。

地方豪强是晚清十年社会冲突的根源，地方政府是地方豪强的政治靠山和分赃者。但是奇怪的是，清末十年所有社会冲突又总是被他们的话语强势所扭曲，原本毫无政治诉求的具体纷争，总是被地方豪强与地方政府相互勾结演化成一个政治的或者反政府，或者反体制的事件。他们按照这个口径向上一级汇报，这样既能洗刷他们的责任，又能激起上一级乃至朝廷的愤怒，所以晚清十年虽然每一个具体的经济诉求都被掩饰下来了，每一场社会冲突社会骚乱都被强力镇压或劝说下来了，但问题并没有解决，火种依然存在。

对于地方豪强操控社会的情形，清廷当然并不是一点都不知道，只是由于体制方面的原因，因为不管是地方政府，还是豪强，他们毕竟都是清廷政治统治的基础，因此朝廷对于他们总是睁只眼闭只眼，总是能让一分是一分，得过且过，大致以社会平稳不出大乱子为目标。所以，即便某个地方发生了群体性事件，只要地方政府息事宁人平息了事态，朝廷对于这些地方政府也就不再深究，更不会从中总结更深层的原因。

清廷对于群体性骚动的处理方式，基本上以地方政府和地方豪强的意见为依归，没有充分尊重民间意识，没有重视下层民众弱势群体的利益诉求和微弱反抗，结果原本并不联网成片的孤立性的民众骚乱，终于相互激荡相互影响，局部骚乱逐步扩大规模，先前被严格控制和打压的秘密结社通过各种各样方式死灰复燃，并逐步介入各地社会冲突与社会骚乱，连年不断逐年增多的社会动荡逐步成为反体制革命者可以操控的工具。统治者无法照旧统治下去，统治者的政治危机终于酿成革命高潮。从这个意义上说，晚清十年的民变，就构成了中国革命的一个重要组成部分。

民初乱源

武昌起义爆发后,武昌、南京和部分省份发生过一些军事冲突,但从全局来说,战争并非之后数月的主题。当时中国社会的主题集中在国家未来体制的选择上。

一部分立宪党人和新军将领,认为清廷推出皇族内阁和铁路国有两项政策确实有错,但"知错能改,善莫大焉"。因而,他们力主利用这次政治危机重回君宪道路,进行大刀阔斧的改革,实现真正的君主立宪。而南北僵持不下时,先前四散的革命党人则重新聚拢,他们依然信奉孙中山17年来的口号,"驱除鞑虏,恢复中华,创立民国",更不愿意在如此有利的环境下重回君宪。在他们看来,共和主义才是中国唯一的出路。

经过数月争执,共和主义终于占据上风,君宪主义成为历史。可谁也没有想到,大家都看好的民主共和却在实现不久便出了严重问题。一百多年来，人们对此有各种各样的分析，但有一点始终未引起足够重视，那就是从孙中山到袁世凯的权力转移，以及由此所引发的民国法统危机。

清廷积重难返

孙中山是1911年12月25日从海外结束十七年流亡生涯赶回上海的，此时距武昌起义已经两个月零十五天了。南北之间的谈判，也从武昌转移至上海，从湖北军政府转移至独立各省都督府代表联合会与袁世凯内阁之间。双方争执的焦点不再是停战之类技术层面的问题，而是国家未来体制的建构，即中国究竟应该沿着君主立宪的道路继续走下去，还是应该按照革命党人的信念，走上共和，建构一个现代国家。在这中间起到重要作用的，不是南方革命党人，而是南方的立宪党人。

立宪党人本是清廷君主立宪最重要的支持者，清廷在1906年走上君主立宪道路，正是这批立宪党人长期鼓吹的结果，比如张謇，很早就致力于日本宪法和东西洋宪政文献的翻译和研究，他所组织翻译的一些宪政著作成为当时中国知识精英最流行的读本。

在立宪党人推动下，特别是经过1904年日俄战争刺激，清廷终于同意走君主立宪道路，于1905年派遣亲贵大臣出洋考察宪政，翌年宣布用九年时间实现日本式的宪政目标，两年后即1908年公布了《钦定宪法大纲》。这是划时代的重大贡献，中国从此有了成文宪法，有了政治发展的依据和纲要。

正如后来许多批评者所说的那样，1908年《钦定宪法大纲》并不是一个真正意义上的君主立宪大纲，因为其中规定皇权依然享有至上权力，不仅决定着国家大事，甚至还能任命百官，其职能与先前的君主专制好像没什么区别。这样的批评是对的，《钦定宪法大纲》确实维护了皇权至上的原则。但是批评者们忘记了，此时的光绪帝年仅三十六岁，他所追慕的对象以及他心中所要仿照的榜样是日本明治天皇、俄国彼得大帝。这些英主都拥有绝对权力，其威权至上都是不可置疑的。

然而遗憾的是，《钦定宪法大纲》宣布后不久光绪帝就突然去世。当时接替他的如果是一个成年君主，这个宪法大纲依然不构成问题，只是光绪帝和慈禧皇太后在最后时刻选择了一个比较弱势的班子，三岁的小皇帝和二十八岁的摄政王无论如何，其威权与能耐都无法与即位三十多年的光绪帝相比。于是，《钦定宪法大纲》中的问题显得相当明显，先前竭力鼓吹君宪的立宪党人开始不满。

如果不是稍后发生其他干扰，立宪党人或许能在既有框架中继续前行，维持九年立宪，然而连续的外部危机给立宪党人找到了调整预备立宪日程的理由，他们一次又一次请愿，希望朝廷更改先前九年预备立宪既定日程，他们实际上期待以早日实现君主立宪，去弥补《钦定宪法大纲》皇权至上的不足，希望用议会和责任内阁去弥补弱势的摄政王和小皇帝的不足。

立宪党人组织的国会请愿运动声势浩大，在几次坚持尤其是到了日本吞并朝鲜之后，也确实引起朝野各界的同情与支持，摄政王无奈之下，终于同意修正先前九年预备立宪计划，以五年为期，完成君主立宪的全部准备。

摄政王背后有一个庞大的满洲贵族群体，他们在立宪党人的压力下调整立宪方案，应该说有不得已的成分在，而且由于是不得已，他们在做出让步的同时又收紧权力，不仅让满洲贵族子弟在预备立宪的最后几年抢占了一大批权位，而且在宣布国家将进入立宪状态的责任内阁名单中，毫不顾忌地将责任内阁演变成了一个权贵内阁、皇族内阁，十三名阁员中竟然有九人来自皇族或皇室。

皇族内阁的出台激起了立宪党人的激烈反对，他们通过各种方式警告摄政王，当此国家发展的关键时刻，对于皇权来说，重用汉大臣可能比提升这些"官二代"更有意义，然而此时的清廷已经积重难返，满洲贵族家家都在攀比，在没有权威如慈禧皇太后和光绪帝的时候，哪一家也不愿放弃权力做出让步，更不会从大局出发辞官为民。从5月8日一直拖延至10月10日，在长达五个月的时间里，皇族内阁就是无法撤销无法废除。这是武昌起义的一个重要原因。

关键人物赵凤昌

武昌起义爆发后，立宪党人并没有在第一时间意识到这是中国历史的大转折。他们虽然期待朝廷借助这一机会修正错误，改组内阁，但并没有对君主立宪产生怀疑，直至各省独立越闹越凶，他们才开始意识到清廷大约要在这场革命中成为历史陈迹。

事实上，革命的发展的确超出了所有人预料。短短几天，湖北独立、湖南独立、山西独立、陕西独立、江西独立、云南独立，这股独立风潮像传染病一样传到江浙，传到上海。这让张謇等立宪党人坐立不安，却又无可奈何。

张謇意识到，革命既然已成为大势，谁也没有办法阻止，立宪与革命虽说有很大差异，但在目前形势下，立宪党人有责任与革命党保持合作，稳定社会，控制局面。张謇还曾致信江宁将军铁良和两江总督张人俊，劝他们在动荡时期好自为之，千万不要让满汉战士兵戎相见，应该引导大家在共和主义理念指引下友好相处。这大约是张謇转向共和的最早证据。

和平光复势不可挡，但独立省份当然并不都与朝廷严整对立，可清廷的政治危机至此已暴露无遗。先前十几年的立宪奋斗终于因清廷内部自私、不妥协而被彻底葬送，转向共和转向革命，也就成了张謇这批立宪党人无奈却必然的选择。

立宪党人特别是东南大佬张謇、赵凤昌等人的转变意义重大，他们不仅支持上海都督陈其美、江苏都督程德全、浙江都督汤寿潜，而且还联名致电摄政王，劝他认清大局，转向共和，为皇室换取最后尊严，为历史留下一段美好回忆。

经赵凤昌、张謇、庄蕴宽等立宪党人居间联络，南北和谈开始不久后，各方就对清廷善后安排达成一致，同意优待皇室，同意未来中国的政治架构为共和，同意由袁世凯出任未来新政府首脑。这项妥协至少在12月20日南北第二次和谈时已经达成，其主旨就是清廷在下一次谈判时必须承认共和。

让清廷承认共和，其实也就是逼清帝退位。因此在此后几天的交涉中，清廷开始犹豫，因为这毕竟牵涉一个王朝的终结。

对清廷犹豫甚至不愿退位的可能性，南方立宪党人大概都有详细估计。所以他们一方面寄希望清廷和平结束，另一方面也准备利用革命党人成立一个"临时"政府，以此逼退清廷，实现从君宪到共和的转折。

革命党人在武昌起义后，特别是上海光复后确实一直忙着筹建新政府，只是他们在过去十七年中一直流亡海外，对国内政治发展缺少了解，又没有多少有用的人脉，所以革命党人要想成立新政府，也不能不求助于立宪党人。而革命党人中的黄兴、宋教仁等，在这之前都与赵凤昌有过一些联系。等到孙中山12月25日回到上海，第二天"拜码头"拜会赵凤昌时，赵凤昌一句"开府建基"点破其中所有玄机与奥妙，由此不到一个星期，一个全新的"临时政府"就在南京宣布成立了。

赵凤昌的提示肯定深刻启发了孙中山和革命党人。此后，孙中山多次前往惜阴堂求教，与赵凤昌及南北政界要员协商统一建国诸要政，特别是怎样网罗英才、兼纳众流，怎样筹款、化解财政困境等。赵凤昌有很好的建议，熊希龄、庄蕴宽、汤寿潜、张謇等也都是赵凤昌向孙中山、黄兴、宋教仁等人推荐的，而孙、黄、宋也就其他人选先期征询赵凤昌的意见，赵从立宪党人一变而成为南方革命党仰仗的重要靠山。这对于南京临时政府的成立，以及此后南北关系的突破，起到了很大作用。

孙中山等革命党人请教赵凤昌是事实，赵凤昌真诚提供帮助也是事实，但在过去的研究中，大家其实不明了赵凤昌为什么要这样做，就连赵凤昌的儿子赵尊岳也不明白其中的奥妙，以为是赵凤昌利用革命党人去倒袁。这个看法显然并不真实。

其实，如果回想赵凤昌在孙中山抵达上海前一直帮助袁世凯，帮助南北和谈的事实，就知道他高人高招，是要用南京临时政府打破南北谈判僵局，赵凤昌不仅没有背叛疏远袁世凯，反而在用孙中山为袁世凯化解危机化解困境。否则，如果没有南京临时政府的过渡，而通过南北和谈直接将清廷移交给袁世凯，那么袁世凯势必成为中国历史上最尴尬的人物，成为乘人之危、火中取栗的奸臣权臣。

谁的临时政府

更重要的一点是，孙中山恰恰具有这种素质和想法。当孙中山听到赵凤昌建府开基建议后，他在当天（12月26日）就主持召开了同盟会最高干部会议，讨论将要成立的南京临时政府究竟应该选择总统制还是内阁制。在孙中山已有的政治构想中，他可能更倾向权力制衡的内阁制，以免总统总是处于权力要冲，成为各方攻击的目标。如果实行内阁制，总统只是国家象征，只有到了关键时期，到了内阁倒台或重大政治危机发生时，总统才具有协调的功能。

然而，就在这一天，黄兴、陈其美、宋教仁等人分别向各省代表做了工作，提议由孙中山出任临时政府大总统，所以等到晚上开会讨论政治架构时，对民主政治、议会政治有着很深研究的宋教仁依然力主内阁制，孙中山却坚决反对，以为内阁制不管有多少优长之处，但在目前并不合乎中国的需要。

孙中山强调，内阁制乃平时不使元首当政治之冲，故以总理对国会负责，这个体制断非目前非常时代所相宜。我们现在不管谁去当总统，都不能既让他去当总统，又想方设法从制度上去怀疑这唯一置信之人。孙中山表示，我不肯听从各位的意见，自居于神圣赘疣，以误革命大计。他这实际上是威胁，各位如果一定要坚持内阁制，那就请自便吧。

孙中山的态度深刻影响了黄兴，于是黄兴从挽留孙中山的立场上，反复劝说宋教仁谦让，劝说他取消提议。在黄兴等人的劝说施压下，宋教仁从大局着想，表示让步，于是新政府的架构就完全采纳了孙中山的主张，实行总统制。而这恰恰又为后来的政治纷争预留了空间，埋下了伏笔，且使孙中山的政治信誉在民国初年受到严重影响。

南京临时政府成立后,南北和谈的僵局确实很快被打破,特别是南京临时政府在行政方针上并没有宣传孙中山一直坚持的"驱除鞑虏,恢复中华"等口号,没有提及孙中山一直自诩为创造的三民主义,没有说什么从军政到训政再到宪政等三个阶段的说法。更重要的是,南京临时政府接受各方面建议,同意优待皇室,同意不再像革命年代那样攻击清代历史。这种种举措都为南京临时政府赢得人心,尤其赢得了新军将领如段祺瑞的认同。段祺瑞或许没有把南京临时政府当作一支重要力量,但他不对南京动武,其实就是默认了赵凤昌等立宪党人的安排。

根据赵凤昌等的安排,南京临时政府是"临时的",孙中山的临时大总统是"临时的",都表明他们只是期望用这个"临时的"机构和"临时的"人作为过渡,最终将权力转移给袁世凯。这是南京临时政府得以成立的前提,也是黄兴等革命领袖同意的,甚至可以说最早提出这个方案的就是黄兴和黎元洪。

很难说孙中山是否清楚这些,但他肯定知道"临时的"意味着什么。因此,当南京临时政府成立后,孙中山迅即致电袁世凯进行解释,表示只要袁世凯劝退清帝,那么他孙文立即辞职下野,并遵守承诺推举袁世凯继任大总统。

当然,我们现在也知道,在南京临时政府存在期间,孙中山也曾想过将"临时"改为正式,还曾为国际承认做出过一些努力,只是列强坚守所谓中立,其实是期待一切都能和平过渡到袁世凯的新政府,所以孙中山的外交努力未收到成效。

至于财政,临时政府在赵凤昌等人建议下吸纳了相当一部分立宪党人,按理说这些人只要出力,别说养个人数不多的新政府,即便真的与北方动刀动枪,也不是没有可能,只是立宪党人坚守承诺,只把南京临时政府看作"临时的",一旦发现孙中山有意将"临时"改为正式,他们或者果断退出新政府,或者从经济上扼住了新政府的命脉。孙中山后来遵守承诺向袁世凯转移权力,虽说维持住了信誉,但实际上是被逼无奈,不得不遵守而已。

孙中山南京临时政府打破了南北僵局,清帝退位,孙中山辞职,参议院选举袁世凯继任,这都是按照既定程序一步步进行,并没有多少意外。只是一百多年后重新检讨这件事,我们很容易发现,南京临时政府在民国法统中几乎毫无地位,至少在民国前半期的法统中不明所以,因为一个最简单的事实是,不要说三民主义,五权宪法,军政、训政、宪政三阶段理论在袁世凯那些人眼里毫无意义,即便南京临时政府留下的一个最具象征意义的《临时约法》,也不被新成立的中华民国政府当作一回事。

法统之争

在清廷这方面,当南京临时政府将优待条例转给北京时,隆裕皇太后对更多的条件没有表示不同意见,只是坚持应该保留"大清皇帝尊号相承不替"等几处文字表述。至于文件中的"逊位",隆裕皇太后认为应该改为"致政"或"辞政"。

在袁世凯与伍廷芳密商的同一天(2月8日),冯国璋、段祺瑞等北洋军将领六十四人联名致电伍廷芳,表示优待清室条件中的"大清皇帝尊号相承不替"应请仍照朝廷提供的原文不要更改,"逊位"这样带有刺激性的词语无论如何都不能出现在正式文件中,否则很难说服军界同仁。

冯国璋、段祺瑞等军界将领的坚持得到了南京革命党人的极度重视，所有条款都按照袁世凯、梁士诒、冯国璋、段祺瑞等人的建议予以恢复和保留，最具刺激的字眼"逊位"改为"辞位"。这也算是北洋老将对清廷旧主子的最后一次效忠。

中华民国成立后，尊重历史却没有得到完整贯彻。孙中山遵守承诺在清帝退位后宣布辞职，推举袁世凯接替。但袁世凯政府成立之后，在以后的民国法统中，忽略了南京临时政府的地位，好像南京临时政府只是中华民国的前史，正式的中华民国是从袁世凯宣布就职开始的。

民国前半期的政治这样处理有其自身原因。孙中山和他的同志在过去十几年被迫流亡在外，不知道国内民主政治的发展情形，即便知道新政，知道预备立宪，由于斗争，由于戴着有色眼镜，也就不能给予公平合理的评价，一概视为清廷的欺骗。站在革命党人的立场说，这种批判当然有其道理，但却不能概括晚清最后十年政治发展的真实情形与意义。

晚清最后十年的政治发展从新政到立宪，其实走的就是一条精英政治的路线，这条路线虽然也要求提升民众的识字水平，要求对选区内的咨议局议员投票，但总体上说这种精英政治就是西方近代典型的民主政治架构，是精英的而非民众的。这一点与孙中山和革命党人设想的全民政治、三民主义、五权宪法等毫无关系。

至于革命后，按照孙中山的设想，还有一个比较长的军政时期，大约有军事管制的意思。之后方才进入训政，至于训政多久，也就很难说。训政之后进入宪政，这是一个漫长过程。孙中山的设想与晚清以来的精英政治毫无相似之处。

而袁世凯却是晚清精英政治的设计师和推动者,当中华民国正式成立后,在大总统袁世凯的政治理念中,哪里会想到孙中山的三民主义、五权宪法,更不要说一步步从军政到训政再到宪政了。

中华民国在袁世凯时代直接进入一个宪政时期,这或许可以说是袁世凯接续晚清民主政治变革往前走,依然是一种没有君主的立宪政治。只是从尊重历史的层面说,南京临时政府在法统中没有地位,而孙中山和革命党人那些理论上的创造也不被采纳,甚至根本不被提及。孙中山后来一再强调"革命尚未成功",或许其内心深处就是从这个层面说的。辛亥革命结束了,民国成立了,可是他们为中华民国准备的理论及政治架构,统统被弃之如敝屣。

近代中日交涉：时机、教训及弥补

中日关系是近代以来世界最重要的双边关系，更是亚洲最重要的双边关系。中日合作，亚洲团结、稳定，世界就安宁；中日冲突，亚洲动荡，世界也不得安宁。这是过去近两百年历史已经证明了的事实。

相互不信任缘起

如果从历史渊源说，中日是东亚最重要的邻居，有着上千年的交往史。在漫长的岁月中，日本是中国文明的学生，而且是最好的学生。中国古典文明许多重要内容得以保存，在很大程度上有赖于像日本这样的好学生。礼失求诸野。古老的中国应该庆幸。

到了近代，随着工业革命的发生，世界市场逐步一体化，中日两国都面临着西方的挑战。中国在经历了漫长的犹豫之后以自己的方式回应西方，从剿夷到抚夷，再到学习西方。中国在这个过程中至少耽搁了两百年，中国原本应该坦然面对西方，回应西方，追上西方，从农业文明转向工业文明，或者在农业文明的基础上增加工业文明的成分，从传统走向现代。然而，中国并没有这样做。

中国没有及时回应西方的挑战，或许与自己古老的传统有关，丰厚的文化积淀使中国很难在短时间认同西方。但是，与中国的情形很不一样，日本在过去千年毕竟只是中国文明的学生，他们从中国文明中学的确实不少了，但他们毕竟不是中国，不是老师，还是学生。所以，面对西方的挑战，日本以另外一种方式回应，转身向西，脱亚入欧，发誓在远东建设一个"西方式"国家。应该承认，经过几十年努力，日本做到了，从1867年算起，至1900年义和团运动，日本就成为世界大国俱乐部一个重要成员；而此时的中国，却沦为被大国俱乐部处分的对象。

日本之所以在短短几十年发生跨越式的发展，除了日本转身向西，与世界一流大国同舟共济、坦诚交往、认同世界主流价值"通大道"外，还应该承认日本最好地继承了中国文明中的智慧。在过往岁月中，日本对中国文明进行认真研究，对中国也进行了周密考察，尤其是对中国人并不屑的智慧比如《孙子兵法》，比如三国智慧，比如权谋，比如诈术等，中国人只是一般性地说说，并不信以为真，中国遵循孔子的教导，君子坦荡荡，不屑于阴谋，不屑于诡计，更不屑于诈术。日本则不然，或许是因为岛国生存的特殊忧患意识，日本对这些东西吃得很透，深入骨髓。

中国在过往很长历史阶段中是以王道主义立场看待世界，看待周边。中国信奉儒家文明"以夏化夷",用王道主义主流价值观影响周边,用文明软实力使四方来朝,文明的疆域和政治的疆域都在这个过程中扩充,因而在过去的两千年,中国人不再屑于玩弄雕虫小技,不屑于阴谋,不屑于权谋。这是中国在两千年不断扩充不断强大的原因,也是中国在近代面对西方很难转型,面对外敌屡屡显得笨拙,显得有点像宋襄公。

应该坦然承认,在资本主义发展早期,在资本原始积累阶段,世界就是严复所认识的那样,是个弱肉强食的丛林状态。要想在这个弱肉强食的丛林中活下去,就要寻求富强,就要既通人类文明的大道,知道人类文明的方向和未来,也要知道丛林法则,知道小计,知道中国文明儒家精神向来不屑的法术势,知道阴谋、诈术,知道借势发力。

对于这些,应该承认,中国文明的学生日本做得比老师好。

老师与学生

既通大道,又精小计。这是日本在近代成功的关键。回望百年中日交涉史,我们可以很清晰地看到日本总是在拿中国做试验,用中国智慧对付中国,尤其是在每次重大交涉时间点的选择上,日本绝对不是听之任之随波逐流,总是牢牢把握主动权,甚至不惜以小计刁难、发难。

中日近代交涉第一次出故障,应该是1876年的《江华条约》。

朝鲜曾是中国的藩邦,与中国的宗藩关系已有几百年的历史了。自从中国不得不踏上学习西方的路之后,资本一直有撬开朝鲜大门，打入东北亚的冲动。怎样引领藩邦打开国门，走上世界，对于中国来说，确实是个问题。当美国资本准备进入时，中国确实不愿帮忙，也是事实。但是，相信中国一旦完成自己内部整合，一定会对包括朝鲜在内的诸多藩邦有一统一规划。

然而就在这个时候，日本利用清政府洋务新政无暇他顾，在外交上选择孤立主义的时候，曲解清政府宣布的"番国自主"原则，像美国对付日本那样，利用一次简单的事件，软硬兼施签订《江华条约》，与朝鲜构建了另外一种关系，挑战中国在东亚的盟主地位。必须承认，日本在这一次交涉中干得很绝，中朝宗藩关系因日本搅局面临转型。

中国拥有第一流人才和智慧，日本的挑战使中国人看到先前宗藩关系不可持续。中国的进步与发展不能单兵突破，中国必须考虑周边那么多藩邦的利益，这些藩邦数百年来追随中国，寻求保护，但西方挑战东方，传统向近代转型时，中国一定要尽最大力量与这些藩邦携手共进。只有这样，中国才能在东北亚抵御日本，以及俄国利用地缘优势对中国的蚕食，对东北亚的觊觎。

此后，李鸿章那一代中国外交家为建构一个稳固的东北亚环境，下力气将美国、英国、法国、德国等引进朝鲜，用"大国均势"抵消日本因《江华条约》发展起来的日朝特殊关系，防止日本对朝鲜的独占，这一方面维护了中国作为宗主国的尊严、面子，对周边其他藩邦有示范作用；另一方面也比较有效遏制了日本的野心，维持东北亚和平。如果说晚清几十年对朝政策存在巨大失误的话，必须承认这个时间段的"大国均势"构想及其实践，是最合理的一个阶段。

1882年5月22日，在中国帮助下，《美朝通商修好条约》签字。引美入朝是一个共赢的方案，如果说有谁受到一点损失的话，只是日本再也无法利用地缘优势独占朝鲜。

此后不到两个月，朝鲜分别与英国、法国、德国、俄国、意大利签订相同条约，一个全新的"大国均势"基本成型，日本对朝鲜的独占完全破局。

然而就在这个时候，主管朝鲜事务的北洋大臣李鸿章丁忧回籍守孝。日本人在朝鲜策划了一场兵变，杀害主导构建大国均势的朝鲜实际领导人闵妃，使刚刚成型的东北亚大国均势破局。而恰恰在李鸿章不在的时候，李鸿章的继任者张树声、老部下马建忠无法充分理解"大国均势"的意义，不知怎样在朝鲜半岛与日本人斗智斗勇。马建忠识破了日本人的阴谋，看到了日本人的目的，但马建忠作出一个非常错误的决断，竟然以上国身份绑架了大院君。大院君确实罪大恶极，但他毕竟是朝鲜国王的生父。马建忠的做法挽回了中国对朝鲜的控制权，但从此后，李鸿章苦心经营的大国均势不复存在，群雄逐鹿东北亚变成了中日对峙。

一千年的师生关系至此移位，由此注定十二年后的甲午战争。

日本的小计

日本在李鸿章丁忧这个准确时间点达到了一个准确目标。日本这个中国文明的学生确实经此一变改变了与中国的关系。中国从此对日既没有信任感，也没有什么需要谦让的东西。无论日本在明治维新时代获得怎样的进步，在中国人的眼里都算不上什么成绩。中日关系从此踏上一条充满风险的路，中日迟早会发生问题，是那个时代许多人的看法。

两年后，1884年，中国因越南问题不得脱身，在战场上赢了法国，但却不得不放弃越南。中国之所以做出这样的选择有各种原因，其中一个最重要的原因是距离北京更近的朝鲜又出了问题。

这年12月，日本策划发动政变，其目的就是利用中国正在南部陷入战争而脱离中国，走上独立。构建现代民族国家当然是这次政变的幌子，其真实目的是让朝鲜投向日本，成为日本的势力范围。

为了化解这场冲突，李鸿章与伊藤博文于1884年在天津进行了一次会谈。这次会谈从根本上改变了朝鲜发展方向，朝鲜作为中国的藩邦一变而成为中日共管。这为十年后的甲午战争埋下了种子。

1888年，慈禧太后让小皇帝光绪即位，经过几年传帮带，慈禧太后定于六十岁时彻底退休，颐养天年，让光绪帝亲政。

慈禧太后在过去三十多年是中国实际上的最高领导人，她的退休关乎国家荣誉和一个时代的结束。慈禧太后或许并不想大事张扬，但从国家、朝廷立场上，慈禧太后的六十大寿就是大清王朝政治生活中最大的事情，因此进入1894年，就是"慈禧太后六十大寿年"，中国所有的事情都必将围绕这件事情转。

然而，就在这样的时间点，日本利用朝鲜内部出现的小问题大事发难，清政府为了荣誉为了内部稳定，情报、决策、兵力布局调度、后勤保障，甚至国际沟通等，一律跟不上。中国既不能为了对付日本宣布中止、暂停慈禧太后六十大寿庆典，那样的话，中国必内乱。中国就在那种极为艰难的条件下左右应对，日本却利用了这个机会猛攻狠打。战争的结局从开始就已注定。

甲午战争是中国历史的根本转折。这个转折从根本上打乱了中国发展的步伐，中国原本可能在洋务新政基础上往前走，在解决了物质的、器械的完善之后一步一步踏上一条君宪主义道路，中国不可能不改变，但中国最不应该的是因外部刺激而改变。中国从此踏上一条激进主义道路。

1914年，第一次世界大战爆发，中国在经历了"二次革命"之后，国内严重分裂，在参战还是不参战问题上争论不休。就在这个混乱时期，日本义无反顾宣布参战。但它并没有立即出兵欧洲，而是发兵中国，抢占山东，从德国人手里夺取全部权益。这件事是现代中国的巨大转折，此后的外交失败、五四运动均与此关联。当然，日本发兵山东值得我们今天检讨的方面很多，中国无论如何不应该总是让内争凌驾于国家利益之上。这可能是中国在建构现代国家时最值得注意的。

第二年（1915年），日本为了让中国政府确认其继承德国在山东的全部权益，利用袁世凯萌发的帝制野心，提出灭亡中国的《二十一条》。这是中日撕破脸皮的开始。《二十一条》的关键不在山东，而是日本对满洲、蒙古权益的诉求。此时的中国，内政分裂，根本无法寻求共识，无法凝聚共同抵抗的力量。

经过十几年的混乱、重组，蒋介石在1928年大致统一了关内。然而就在这个时间点，日本策划皇姑屯事件，炸死张作霖，其目的众说纷纭。但从大历史观察，对中国的影响非常清晰，此后几十年中日之间的恩怨情仇，都可以在这个重大事变中寻找到影子，中日交恶直至1945年第二次世界大战结束而结束。

回望百年中日交涉史，日本总是能巧妙利用时间点实现自己的目标。这些时间点或是中国发展关键期，或是中国困难时，或是中国格外重视的节点。从国家立场上说，日本的这些做法对中国有极大伤害，也非君子所当为。但是从历史教训说，中国也应矫正自己的政治日程，不能以内政压外交，内政、外交应该建立一种良性联动，而不是恶性互动。不能将自己的软肋总是暴露在外，不能给对手留下可攻击的目标，更不能用党派的纷争、政见分歧为重，甚至利用外交危机实现党争的目的。

在外交上，中国在坦荡荡的同时，也应该适度注意"小计"，害人之心不可有，防人之心不可无。这或许应该引起中国人的警惕，不要再以"倭人"视日本，更不能以阿Q心态蔑称"小日本"。日本是亚洲的重要国家，是中国无法搬走的邻居，中日应该友好。中日之间只有重建正常国家关系，亚洲和平与稳定方才可期。

近代东亚历史的转向

一百二十年前发生的甲午战争,是人类历史上的一个重大事件,其意义不仅在中国,在日本,也深刻影响了亚洲,影响了世界。从那之后,人类历史许多重大事件,都可以追溯至这场战争。

留给中国的精神遗产

甲午战争将近代中国的历史截然分为前后两个时期,使中国被迫放弃先前三十多年洋务新政,中国人本有的那点自信被彻底摧毁。诚如梁启超1899年所说,先前中国人自信不疑的"中学为体西学为用",经过甲午战败打击,无论怎样"携朝廷之力以行之",无论怎样不胫而走,畅行海内,其意义远非洋务新政早期那样让人心热,

"不三十年将化为灰烬,为尘埃野马,其灰其尘,偶因风扬起,闻者犹将掩鼻而过之"[①],成为明日黄花。

"中体西用"是甲午战前中国人最为自信的理论。许多中国人在那时普遍认为,中国在不得已学习西方之后,究竟应该像日本人那样尽弃其学而学焉,转身向西,脱亚入欧,还是应自信中国固有体制、文明与理论,只在"用""末"上下功夫,在"坚船利炮"上做文章?

事实证明,中国人在那短暂三十年,在物质,在器械,在用,在末上,都是成功的。物质增长一点都不难,一个全新的工业,一个中国先前不曾有过的工业文明,很容易从无到有、从小到大发生、发展。所谓"后发优势",就是指原创者已积累了足够创造,后来者只需照葫芦画瓢就可以事半功倍,后来居上。

但是,"后发优势"也蕴含着深刻危机,转化为"后发劣势"只在一念间。后来者在充分接纳先发成就的同时,注意体制改造,或许可以避免"后发劣势"陷阱。然而更多时候,后发国家充分利用先发国家的创造,特别是并不改变旧有体制情形下利用先发国家的创造,原以为就是"后发优势",殊不知这就是一个"后发劣势"的陷阱。

"后发劣势"的分析框架,根据杨小凯的研究,是西方经济学家沃森提出来的,英文表达为"Curse to the Late Comer",蕴含有"后来者诅咒"的意思。按照沃森的看法,后发国家在许多方面都可以模仿先发国家,实现超越性发展,显得比先发国家效率高很多。

但是后发国家对先发国家的模仿至少有这样两个层次或境界,

[①] 《自由书·地球第一守旧党》。

一是模仿制度，一是不变制度模仿技术和工业化。显而易见，制度模仿见效慢，比较难；技术或工业化模仿，见效快，容易超越。但是，没有制度改造的技术模仿让后发国家获得了经济上的成功，并不是一件好事，这极容易让这些地方产生莫名其妙的"制度优越感"，为后续发展留下巨大隐患。中国在十九世纪晚期的洋务新政，就属于这种情况。

洋务新政三十年经济增长，军事力量提升，不是加速中国政治架构现代化，不是让中国更接近西方，相反，中国在不寻求政治变革前提下获得的经济提升，反而加强了中国人对旧有体制的自信。

在甲午战前，中国人之所以大胆畅言"中体西用"，之所以在很长时期蔑视日本，主要就是因为中国没有寻求政治改变，没有在本、体上变革，不是照旧发展，照旧强大吗？中国的不变革反而因三十年畸形发展获得了理论支撑。这是甲午战前最为奇怪的现象。

甲午战败使中国知识精英不再相信洋务新政"跛足现代化"，不再相信主观拣择趋利除弊的浪漫设计。知识精英经过这场刻骨铭心的失败后对日本五体投地，以为日本人不畏艰辛脱亚入欧才是学习西方、走向现代的正道。

用严复的话说，中国学习西方寻求富强，必须本末兼治，体用合一，"体用者，即一物而言之也，有牛之体则有负重之用，有马之体则有致远之用，未闻以牛为体以马为用者也。中西学之为异也，如其种人之面目然，不可强谓似也。故中学有中学之体用，西学有西学之体用，分之则并立，合之则两亡"[1]。

严复的分析为中国人指出了一个全新方向。甲午战后，中国人

---

[1] 《与外交报主人书》，《严复集》，559页，北京：中华书局，1986年。

没有沉沦，没有抱怨，而是以强敌为师，师法日本，变法图存。经此失败，中国人深刻意识到，学习西方，最难的不在物质，不在器械，不在用，不在末，而在精神，在气质，在制度，在本，在体。这就是甲午战败留给中国人的精神遗产、教训启示。

洋务新政"跛足现代化"让中国错失三十年机遇，尽管朝野内外对这场战争追悔莫及，发誓重新开始，像日本那样彻底改造自己的体制，适应时代。但实事求是说，甲午战败让一部分中国人看到了旧有体制根本缺陷，从此不再相信清廷有力量有诚意带领中国完成从传统到现代的社会转型。孙中山就是一个最典型的例子。

孙中山原本期待中国在洋务三十年基础上更上一层楼，期待追随李鸿章等"中兴大臣"建功立业，然而甲午战争的失败让孙中山彻底失望。所谓"民主革命先行者"，其实就是说他最早意识到满洲人的自私、颟顸、不作为，意识到中国现代化不能凭借现有体制，更不能指望满洲人。中国必须首先完成民族革命，"驱除鞑虏"，让中国从满洲人的统治中解放出来，实现种族解放，中国才有可能步趋西方，踏上现代化坦途。这就是孙中山的"排满革命"。

"排满革命"在甲午后并没有迅速成为思想界主流，主流的思想，还是在现有体制中寻求改革。那时，更多中国人认为，中国的失败主要是因为在军事体制、指挥系统上太落后，太陈旧，因而中国应该像日本那样重造一支现代化军队。于是，当战争还没有结束时，中国政府就接受这样的劝告，下决心请德国人帮助训练一支现代化新军，十年生聚，报仇雪耻。

还有人认为，中国的失败主要是因为没有抓住过去几十年发展机遇，全面改造中国社会结构、组织系统、教育体制、社会管理，没有充分、放手发展自由资本主义。鉴于这些教训，实事求是说，清政府在战后确实在很大程度上愿意释放社会，释放资本，重建全新的现代教育，全面仿行日本过去几十年走过的路。

应该说，过往一百多年，中国人对甲午战争过程、影响、意义的认识，是全面的，深刻的，中国也确实在此后岁月中汲取了这场战争的教训，一切归零，从头开始，改变自己。1895年后的中国，不三年，面貌大变，一个充满活力的新兴经济体，重新展示了对世界资本的吸引力，中国终于踏上了一个全新的发展道路。

"知耻而后勇"，是中国圣贤的教诲。中国在甲午战争中确实失败了，而且失败得那样惨，但中国人通过沉痛反省，让这场失败成为后来中国的"成功之母"。这是甲午战争不幸中的一点启示。

日本胜利的理由

甲午战争改变了中国，使中国的发展方向得以调整。而且这场战争让世界诸强重新洗牌，国际政治格局因此发生巨大变化，原先在国际政治中基本上不发声，不具有多大功能的日本渐渐成为国际政治中的变数，成为"帝国主义盛宴"上的迟到者。日本的崛起，直接得益于甲午战争。现代日本的起点，其实就是甲午战争。

中国人对这场战争，并不讳言是因朝鲜而起，是自己的属国朝鲜受到了日本人的觊觎、蚕食，中国不得不起而抗争。光绪帝1894年8月1日郑重发布的"宣战诏书"，沉痛表达了中国的无奈：

> 朝鲜为我大清藩属二百余年，岁修职贡，为中外所共知。乃倭人无故派兵，突入汉城，嗣又增兵万人，迫令朝

鲜更改国政,种种要挟,难以理喻。各国公论皆以日本师出无名,不合情理,劝令撤兵,和平商办,乃竟悍然不顾,反更陆续添兵,乘我不备,在牙山口外海面,开炮轰击,伤我运船,变诈情形,实非意料所及。该国不遵条约,不守公法,任意鸱张,专行诡计,衅自彼开,公理昭然,用特布告天下,俾晓然于朝廷办理此事实已仁至义尽,而倭人渝盟肇衅,无理已极,势难再予姑容。①

光绪帝的说法是对的,也是事实。朝鲜确为中国藩属两百多年了,即便在《江华条约》之后,在朝鲜与欧美诸国建立平等的外交关系之后,欧美诸国也对中朝之间"特殊的国与国关系"予以默认,"中外所共知"。至于此次东学党之乱,朝鲜政府请求中国出兵助剿,对于中国来说,也是宗主国应尽的责任。因此,中日稍后因此冲突大打出手,在中国方面感到,就是日本刻意寻衅。

甲午战争毕竟是中日双方的战争,是对打,不是落后就要挨打。不管日本的理由是否成立,是否正当,我们都应该兼听,应该以超越的眼光回望这场战争。日本的理由也见于其天皇8月1日的宣战诏书。他说,日本此次对中国宣战,就是要达到日本国家之目的,为此目的,只要不违背国际公法,支持百僚有司,宜体朕意,各本权能,尽一切手段,必期万无遗漏。

至于战争理由,日本天皇强调,自明治维新开始以来二十年,日本求文明之化于平和之治,知交邻失和之不可,努力使各有司常笃友邦之谊。幸列国之交际,逐年益加亲善。根本没有想到中国会

---

① 《清光绪朝中日交涉史料》卷十六,北平故宫博物院,1932年。

在朝鲜问题上采取如此措施，对日本而言，殊违邻交有失信义之举。

根据天皇所列理由，朝鲜乃日本帝国最先启发其与列国为伍之独立国，而中国每称朝鲜为属邦，干涉其内政。于其内乱，借口于拯救属邦，而出兵于朝鲜。日本的这个说法当然不错，中国政府确实在朝鲜问题上墨守成规，不懂得近代民族国家究竟应该怎样处理类似于朝鲜这样的"中国式殖民地问题"①。

很长时间以来，西方势力一再期待中国政府利用与朝鲜的特殊关系，帮助他们进入朝鲜，但是中国政府却一再视朝鲜为自己的专有属地，不管国际社会期待，也不顾朝鲜内部发展需求。至于日本，确实利用"云扬"号事件，强制与朝鲜达成《江华条约》。

这个条约或许在最初阶段有强迫朝鲜开放国内市场的意思，但从长远观点看，朝鲜对外部世界开放，不仅利于世界，更利于朝鲜。中国与日本相较，在帮助朝鲜走向世界方面确实在道义上输了一局。

东学党之乱发生后，中国政府依据朝鲜政府的请求而出兵，中国也依据十年前的"天津共识"通过外交渠道告知了日本。但是日本并没有因为中国出兵而宽慰，反而在中国出兵后迅速向朝鲜发兵，而且在数量上处于绝对优势。很多年来，中国人对日本人的这个做法无法理解，差不多都认为日本故意寻衅滋事。

其实，根据天皇宣战诏书的解释，日本出兵所依据的法律文本并不是中日1885年达成的"天津共识"，而是1882年日朝达成的"济物浦条约"。根据这个条约，朝鲜发生类似于1882年兵变之类的动荡，日本政府为了避免商业损失及外交、商务人员牺牲，有权向朝鲜派出一定数量的武装力量，"出兵备变"。

---

① 参见蒋廷黻《中国近代史》。

当中日两国军队相继抵达朝鲜的时候，东学党之乱大致平息，中国政府为了避免1884年甲申政变时那样的中日互斗，建议两国从朝鲜同时撤军。然而就在这时，中日分歧开始发生，日本以使朝鲜永免祸乱，得保将来治安，欲以维持东洋全局之平和，建议中日双方共同改革朝鲜内政，但遭到了中国政府不容商量的拒绝。

中国政府拒绝的理由非常简单，就是朝鲜为中国属国，改革，或不改革，均为中朝尤其是朝鲜的权力。日本政府刻意要求与中国政府合作改革朝鲜内政，明白要让朝鲜成为中日两国的共同属国。这是中国政府拒绝日本建议的理由。

很显然，中国政府多虑了，且没有想到日本的后续措施。

日本在中国拒绝后并没有放弃这个建议，而是以自己一个国家的力量劝朝鲜以厘革其秕政，内坚治安之基，外全独立国之权义。按照日本的说法，他们的这些建议朝鲜政府已经答应，但中国政府始终暗中百计妨碍，种种托辞，缓其时机，以整饬其水陆之兵备。一旦告成，即欲以武力达其欲望。日本人猜测，中国之计，惟在使朝鲜治安之基无所归。这种猜测，就有点以小人之心度君子之腹的味道了。

中日双方互不信任是甲午战争发生的直接原因，而中国政府固守陈旧的宗藩理论，也是一个非常值得注意的方面。而日本始终张扬自己自《江华条约》以来一直致力于让朝鲜"与独立国为伍"，所以日本不惜一战，大有"为朋友两肋插刀"的意思。

日本不承认中国与朝鲜之间的藩属关系，他们的依据为1876年的《江华条约》。《江华条约》是日朝两国的双边协定，日朝两国相互确认各自权力的独立完整，确实对中国所一直坚持的宗藩关系受到极大挑战。但是中国政府在过去十年毕竟也在调整对朝政策，引领朝鲜走向世界，帮助朝鲜与诸大国构建现代关系。中国政府唯一没有做到的，不懂传统宗藩体制已经解体，中国如欲维持与朝鲜特殊的国与国之间的关系，也必须另辟蹊径，而不能寄生于传统的宗藩体制。

中国在甲午战争中的失败不是军事实力不如日本，也不是技术上不如日本，中国军队在朝鲜战场一溃千里，主要因朝鲜在关键时刻更愿意接受日本平等的国际交往理论，不愿继续接受中国作为宗主国。

朝鲜因素

甲午战争是中日两国为朝鲜前途而战，朝鲜的态度在某种程度上说也是这场战争胜负的一个重要因素。

《江华条约》之前，朝鲜确实不愿向外部世界开放，朝鲜的背后与底气，就是背靠中国这个强大的宗主国。但是，当日本用武力打开朝鲜国门，双方签订了《江华条约》之后，朝鲜内部的情形迅速发生变化，所谓"开化党"人，实际上就是朝鲜开放后成长起来的一代新人，他们就是希望朝鲜像日本那样变法图强，追慕西方。

朝鲜的政治统治者却不这样认为。他们在经历了1882年兵变、1884年甲申政变后，依然不思进取，不想在政治上进行彻底改革。朝鲜的腐败是体制性腐败，朝鲜之所以面对东学党之乱束手无策，主要是因为朝鲜在那些年里确实没有利用发展机遇进行改革，构建一个现代政治体制，建设一支强大的军队、警察队伍。

朝鲜没有进行实质性的改革，却又在那个时候接受中日两国的安排，向世界开放，引进各大国的资金。各大国特别是中日两国在朝鲜都有自己的经济利益，任何政治动荡都会让列强，让日本心惊肉跳。日本毕竟遭遇过1882年、1884年两次政治动荡，也蒙受了巨大损失。日本在此次出兵后执意要改革朝鲜内政，固然有与中国刻意为敌、寻衅滋事的意思，不过设身处地想想，也有值得同情的一面。

中国军队是朝鲜政府书面邀请而来的，李鸿章对于出兵也是反复斟酌。但当日本出兵而朝鲜无法制止时，朝鲜政府的天平却倾向日本，不利于中国。1894年7月23日凌晨三时，日本军队向朝鲜王宫发动进攻。上午十一时，日军护送朝鲜国王的父亲大院君进入王宫，组建临时政府，宣布废除朝鲜与中国间的全部条约，宣布朝鲜政府邀请日军驱逐在朝鲜境内的全部清军。与此同时，日朝两国政府还签订了同盟国条约。

朝鲜政府的改变，当然是非法的，是政变。但在那个紧要关头，朝鲜政府的宣布即便不能获得国际社会的认同，但对朝鲜社会内部还是具有相当大的影响力。中国军队在朝鲜境内此后与日军的冲突中之所以一溃千里，连连败北，除却战略、战术的失误，也与朝鲜政府更迭，朝鲜政府新政策的宣布有内在关联。

日军对朝鲜政府的做法是卑劣的，不过这类事情在那个时代，在朝鲜这样的国家，也不是第一次发生，十年前的甲申政变具有类似的性质，所不同的是，那一次是袁世凯得手，日本失手，而这一次是日军得手，中国失手。

在日军策动朝鲜政变之前的7月21日，中国外交官唐绍仪就获得相关情报，知道日军将强迫朝鲜政府答应驱逐清军，因而唐绍仪向清军驻牙山首领叶志超通报，提醒清军做好与日军决战的准备。

中国方面获悉这些情报后，一方面调整了在牙山各军的布防，由聂士成率领部分主力两千多人移至成欢驿布阵，另一方面从国内紧急派遣一千多人分乘爱仁、飞鲸号增援。然而，可悲的是，成欢驿之战中国军队打得太狼狈，清军不仅没有抵挡住日军进攻，而且稍战即退，狼狈逃窜。

更可恶的是，逃亡的清军一溃千里，丢弃了所有的粮草辎重，沿途抢劫，为害朝鲜百姓甚巨。朝鲜民众原本并不怎样厌恶清军，经成欢驿之战尤其是其溃逃，清军在朝鲜民众心目中的形象一落千丈，民众渐渐认同了朝鲜政府请求日军驱逐清军的决策。

朝鲜政府的短视、背信弃义，在某种程度上说也是中国丢掉朝鲜，兵败甲午的一个关键，朝鲜自身后来也为此付出巨大代价。

甲午战争改变了东亚历史走向，改变了中日，也改变了朝鲜，进而改变了世界。立足于单一国家利益很难看清甲午战争的真相，无度的悲情只会加剧对历史的误会。超越东亚，回望甲午，就是要尽可能地从东亚，从世界走向进行思考，记住历史，不是为了记住仇恨，而是记住教训，共建东亚和平，让东亚不再成为战争策源地。

大变革时代：缘起、动力及方向

1860年，中国在经历了两百年闭目塞听、二十年两次鸦片战争打击后，痛定思痛，开始了向西方学习的历程。仅仅用了三十年时间，中国就大致重建辉煌，恢复中华帝国惯有威风。所谓"同光中兴"，绝不是浪得虚名，而有实实在在业绩作支撑：经济总量世界第二，亚洲第一；军事力量世界第六，亚洲第一。这都不是中国人自己瞎吹，而是外国人实实在在的研究。然而，让中国人无论如何没有预料到的是，一个偶然的局部冲突，竟然将三十年增长真相大起底，中国从此开始了一个新的政治周期，进入一个"大变革时代"。

本末与体用

中国三十年增长不敌同时期的东邻小国日本，这让长时期以老大自居的中国很没有面子。中国人在此之前最为自信的是道路选择，"中学为体，西学为用"，被奉为那个时代不可更易的圭臬。现在，日本人用事实证明"中体西用"可爱不可用，于是绝大多数中国人不加分析将甲午战败责任归结为只变其末不变其本的"中体西用"。于是乎，中国在1895年不期然改变先前几十年发展方略，转身向东，追随日本，维新、新政、君宪、宪政、再君宪，不一而足。至1915年短短二十年，中国走完日本半个多世纪走过的路。

我们今天没有办法说清中国1895年转身向东是好还是坏。假如我们不是采纳"线性进化论"去看待历史发展，我们应该承认中国在1895年放弃"中体西用"发展路径非常可惜，因为回望过去三十年，中国并不是真的只变其末不变其本，并没有完全拒绝外来好东西，更没有坚守传统坏东西，中国在政治架构、思想文化等方面学习西方不少，短短三十年，中国在吃穿住行生老病死所有方面都发生了翻天覆地变化。假如中国不因甲午战争中断发展路径，中国沿着"中体西用"既定方针继续往前走，再过二十年，到1915年，中国也应该能够一步一个台阶走上类似日本的路，在政治上有改进有所进步，而且可以减少甲午、戊戌、庚子那样的大动荡。

然而，为什么经过一场并非毁灭性的局部战争，中国人就集体无意识转向，不再认同三十年的举国共识了呢？这里面的原因肯定不止一端，但大致上说，不外乎先前没有从理论上说明洋务新政"中体西用"道路选择的历史依据和所要达成的目标。

三十年洋务新政确实是闷头发财"追求富强"，就是要缩短中国与西方的差距。这是对的。近代中国全部问题，其实就是农业文明的中国怎样添加一个工业文明。这是传统中国不曾有的，无论怎样快速增长都不过分。

问题在于，就像严复后来所意识到的那样，不论是西方文明，还是中国文明，都有本有末，有体有用，不存在只要其末其用，而不要其体其本的情形。中国在末与用增长的同时应该清楚，本与体是中国不可回避的问题，中国在获得经济快速增长后，一定能够发生全方位的渐变，一定能够建设一个与世界一致而又别致的新国家。假如中国在1895年前弄清这些道理，中国理所当然可以自信已有的道路选择。

维新与变法

中国是一个知耻而后勇的民族。甲午战败让中国人迅速觉醒，先前争论十多年的问题因战败而不再争论，清政府迅即释放社会，新式报纸杂志、社会组织仿佛在一夜之间如雨后春笋遍及全国；各地官绅主导的地方自治试验，也在1895年之后迅速展开，做得比较好的如湖南，短短几年时间就取得了相当成绩。中国的面貌焕然一新。

根据《马关条约》约束，"日本臣民"有权到中国自由办厂，享有进出口优惠。根据列强与中国政府多年前达成的条约，中日之间双边约定转化为多边受益，各国资本参照日本臣民的例子，大规模投资中国。中国真正向外国资本打开了大门，迎来了经济建设一轮新高潮。

外国资本自由进入中国,当然有利润考量,这就是列宁所说的资本输出。不过对于当时中国而言,积极意义不应低估,先前无法修建的铁路,无法开采的矿产资源,都在1895年后很短时间启动,这里面主要的就是外国资本的驱动。

对于外国资本,中国政府在那个时候持积极欢迎的态度,对于外国资本在中国所遇到的困难,中国政府也积极给予解决。但是,由于旧的行政体制、观念约束,中国政府在很多问题上也有难处。比如,各国对华投资贸易急剧扩大,他们急需在中国沿海建立自己的基地。但是,中国碍于各方面原因,有心无力,理性觉得可以接受这样的要求,但实际上又不敢将土地以租借方式划给外国资本使用。

正像马克思所分析的,资本具有疯狂的本能,只要有值得它疯狂的冲动。马克思的母国德国政府自恃在"三国干涉还辽"中有恩于中国,因而希望中国政府为德国资本找到一个"煤栈",以方便德国远洋货轮。但是,德国人性子太急了,无法容忍中国的行政官僚主义。1897年底,德国人借着巨野教案一举武力占领胶州湾,引爆了中国社会内部深厚的民族主义情绪。

胶州湾外交危机阻断了中国正在进行的渐进维新,使中国人觉得中国如果不变法,不进行系统的政治体制变革,中国就没有办法在这个世界上立足,就不可能获得尊严。于是转过年,尤其是稳健政治家恭亲王奕訢不幸去世,中国的政治变革迅即展开。这就是1898年"百日维新"。

过去很长时间,我们一直以为百日维新太激进了,是失败的根源。其实,按照现在的研究,百日维新与稍后相比一点都不激进,百日维新失败另有原因在,那就是康有为等人凭借超人想象以为朝廷中有个冥顽不化的守旧派。为了改革，他们不惜以暴力去化解非暴力政治的变革阻力。不幸，消息走漏，出师未捷身先死，六君子被杀，康有为、梁启超等仓皇出逃。

以后来的观点回望1898年政治变革，我们相信那时各派都期望中国更好，而不是更坏。康有为怀疑朝廷有个守旧派，其实，在很多时候，适度守旧并非一件坏事。

新政、宪政与君宪

从维新到变法，改革的动力就是为了中国更好，只是机缘巧合，中国不是做得更好，而是更糟。

1898年秋天的政治逆转改变了中国发展方向，先前几年对外部世界的坦然被种种忧虑所替代。而且，1895年之后外国资本大规模、无限度进入也确实衍生许多问题，大开发，大开挖，确实让相当一部分农民流离失所。战争在未来可预见的时间不会发生了，政府也就大胆遣散了军队。这些离开土地的军人虽说本质上就是农民，但他们已经没有办法重新回到土地，他们在城乡之间流浪、游走。到了1900年春天，终于在华北爆发了大规模冲突，随之八国联军进中国。

义和团运动、八国联军进中国，最直接的后果就是中国政府在列强要求下必须进行政治改革，必须在观念上与世界一致，所以《辛丑条约》签订前后，中国开始了新一轮政治变革，以地方自治、司法独立、新教育发展为主要内容。应该说，1901年开始的新政尽管存在许多问题，但其在中国政治上的积极意义不应低估。

1901年新政触及了政治改革，但是这场改革依然局限于政治的末节,并非制度根本,因此等到1904年日俄战争,中国官绅眼见着日本在不到十年时间相继打败欧亚大陆两个庞大帝国,真的是不寒而栗,惊慌失措。

中国究竟应该向何处去?又一次摆在了中国人面前。1905年,是中国政治发展的关键。在孙中山等革命党人看来,清政府已毫无希望,中国人应该像俄国人那样觉醒,那样革命,推翻清廷,重建中国。

日本在日俄战争的胜利,俄国紧接着发生的变革,深深影响了革命党人。流亡在全世界的革命党人在那一年汇聚东京,朝圣般地学习日本,发誓改变中国,不惜代价。

革命高潮,日本的胜利,俄国的变革,也在影响清政府。在家天下体制下,也不能说清廷统治者对未来前途不考虑。形势比人强。清廷派出大臣出洋考察宪政。翌年秋,以宪政为主导的政治变革迅速推进。

应该承认,中国人自从甲午战后便开始探索,至此终于承认君主立宪是适合中国的政治选择。君主立宪就是宪政,就是将君主的权力用宪法去约束。1908年,清廷颁布《钦定宪法大纲》明确了这些原则,按照规划,经过九年时间逐年筹备,一个与东西洋各立宪国大致一致的政治架构就会从蓝图变成现实。

遗憾的是,《钦定宪法大纲》颁布当年,强势领导人光绪帝、慈禧太后在一天之中相继去世,接替他们的是摄政王和隆裕太后。如果仅从年龄上说,摄政王、隆裕太后组合比慈禧太后当年与恭亲王搭档的叔嫂组合还年长,但在任何人看来,摄政王、隆裕太后这个组合都是一个弱势班底。

弱势班底没有办法掌控政治变革的大局,很快摄政王被迫同意立宪党人缩短立宪年限的要求。这不仅破坏了"计划政治"的约定与规则，为后来的变数开了一个先例，而且使复杂的政治变革变成了儿戏，既然九年立宪的约定可以缩短，那么为什么不能立即立宪呢？

弱势的摄政王叔嫂组合没有办法回应立宪党人的要求，也没有办法掌控皇族和满洲贵族。1911年，当政治改革如火如荼进行之际，原本值得庆贺的第一届责任内阁，竟然被弄成了皇族内阁、亲贵内阁。

知错就改善莫大焉。问题在于，摄政王并不认为皇族内阁以及稍后的铁路干线国有化政策错了，所以全国混乱僵持了大半年，直至四川总督府门前流血，直至湖北新军发难，方才有机会打破僵持。

按理说，南北和谈仍给清廷留有机会，但是僵持到最后，满洲贵族依然在权力分享上不愿继续妥协。国体变更，走向共和，成为1911年底中国唯一的政治选择，清帝退位，创建民国，两千年的帝制竟然如此轻松成为过去。

然而，两千年的帝制确实不是那么容易结束，一个全新的共和制度也不是那样容易确立。但在经历了共和之后重回帝制，更是死路一条。所以等到袁世凯复辟帝制，短短一百天，就将自己送上了绝路。

袁世凯帝制复辟引起了中国知识阶层沉痛反省。1915年，陈独秀等人发现，如果不能建构一个新的思想文化基础，中国就不可能真正走向现代。于是，陈独秀等人创办《新青年》，一个全新时代就此开始。

1895—1915二十年，是中国三千年未有之大变局，是"历史三峡"的一段。二十年大变革浓缩了中国历史几千年，其中的经验、教训，至今仍值得细细思索，认真总结。

第二编 重建晚清历史细节

从历史因果链条中分析甲午战争失与得

1894年的甲午战争距今已整整两个甲子。一百多年后的中国已非原来的中国,日本也不再是那时的日本,至于朝鲜半岛,更非原来那个样子,世易时移,世界、远东、中日韩都在发生巨大改变。由于最近若干年中日、日韩三国在历史、领土等问题上发生了一系列令人遗憾的纷争,现在再来审视这场战争的缘起、过程及教训,就具有很不一样的意义。

地缘政治的调整

在甲午战争之前,中国的发展,中国的实力,都让中国人自信这场战争稳操胜券。中国在过去三十几年洋务运动中,利用国家资本主义力量，确实恢复了两次鸦片战争打击而失去的荣光，中国不仅在经济总量上重回亚洲第一、世界第二，中国的军事实力也经过三十年发展、改造，迈进了一个新时代，告别了冷兵器，进入了海洋时代。中国举三十年经济增长之实力而创建的北洋海军，确实还没有经过实战检验，但不论中国的当事人，还是国际观察家，对于中国的军事力量，尤其是中日军事力量比较，都对中国拥有相当期待，至少没有多少人想到中国会在战场上如此不堪一击。然而，结局却是中国失败，而且败得那么惨。

一百多年后检讨，我们很多人将这场战争归结为侵略、被侵略，归结为正义与邪恶。确实，从中国的观点看，朝鲜自明朝洪武年间就是中国的属国，朝鲜有难，发生东学党起义这样的事情，朝鲜向宗主国求救，中国履行宗主国责任发兵朝鲜，帮助朝鲜政府平息内乱，这是正当之举，是善意行为。

朝鲜确实在历史上是中国的属国，中朝之间确实在很长时间有着密切交往。问题在于，中国毕竟没有近代殖民的经验，更不知道怎样从那些属国撤退。当中国面对西方压力不得不转身向西，学习西方的时候，中国一度选择了孤立主义外交原则，对于先前数百年"中国的世界秩序"不再有兴致，眼看着琉球、越南、暹罗等一个接一个的属国走向完全独立，或者转换身份，成为日本或西方国家的新殖民地。这是近代中国一个最值得总结的教训。

西方的压力让中国有非常强烈的发展冲动，那时的中国总觉得自顾不暇，无法继续充当宗藩体制中的老大，丢失琉球是宗藩解体的开始。中国那时如果继续履行宗主国的责任，完全有办法让琉球王国作为一个独立的主权国家存在。日本明治维新改革刚刚开始，发展也刚刚起步，对于中国的态度，实事求是说，日本并非完全不在意。

中国为什么没有在关键时刻表现出东方龙头老大应有的风范呢？为什么就这样心甘情愿丢掉了琉球以及一系列藩国呢？这与中国对藩国的认知转变有关。

从大历史背景看，中国文明的边疆一直遵循"以夏化夷"的规则柔性扩张，中原王朝主流文明一直在向周边非主流文明施加正面影响，周边非主流文明经过若干年熏陶，渐渐地"生番"变"熟番"，渐渐地内化为中国文明的一个组成部分。由此才能充分理解中国文明何以从黄河中下游一隅扩展到后来如此大的四至。

中国文明的发展轨道被西方势力东来打断了。中国在经过两次鸦片战争打击后突然领悟到自身发展的紧迫性，于是中国在1860年代开始学习西方时选择了一条只顾自身的孤立主义路径，对于中国本土之外的藩国，听之任之，已经没有力量，也没有意愿指导、帮助他们共同进步。

当然，放弃藩国还有一个非常实在的地缘政治考量。在传统体制下，中原王朝之所以花费那么大的精力构建一个宗藩体制，不惜血本维护这个宗藩体制，是因为这些藩国对于中原王朝来说，有着拱卫中国、御敌于国门之外的作用。然而到了近代，因为鸦片贸易而发生的战争，几千英军就可以在东南数省横冲直撞，如入无人之境。至于第二次鸦片战争，英法联军不过万人竟然从南方直达京师。凡此，都在告诉中国的统治者，原先的宗藩体制在新的历史条件下意义不大，藩国体制已经没有办法御敌于国门之外，所谓"国防外线"的藩国到了这时已经没有意义。这就是十九世纪晚期中国宗藩解体的本质，是地缘政治的必要调整。

对于丢失琉球王国以及南部边陲诸藩国，清政府在那个时代确实有点漫不经心，并不认为是中国的巨大损失，如此我们方才能理解中国为什么在中法战争中"不败而败",为什么不愿意为越南前途与法国彻底翻脸。

朝鲜却不一样。朝鲜半岛扼住了北京的咽喉,在那时的中国统治者看来,丢掉了朝鲜,就意味着中国大门洞开,意味着外敌可以通过朝鲜半岛长驱直入。因此,当日本对朝鲜心怀不轨时,中国不得不出手。唇亡齿寒,清政府在这个问题上并不含糊。这就是甲午战争之所以发生的根源。

走向战争

就地缘政治而言,朝鲜毫无疑问是中国的核心利益之一,任何对朝鲜的觊觎、蚕食,都意味着对中国利益的侵害。从这个意义上说,中国因朝鲜问题与日本开打,就是维护自己的利益。

问题在于,朝鲜问题的发生伴随着西方势力东来而日趋严重,这既与朝鲜自身发展道路有关,又与中日两国的选择密切关联。

中国的发展无疑是一种内敛型的,为了自身的发展,心无旁骛,集中精力,集中资源,用三十年时间取得了巨大成就。

日本明治维新起步晚于中国的洋务运动好几年,但与中国的发展道路很不一样,日本选择了一种发散型的发展道路。明治维新思想家提出的路径是转身向西,脱亚入欧,发誓要用不太长的时间在远东建立一个西方式的现代国家。欲达此目的,正像明治维新思想家所设计的那样,日本必须走出海岛,必须踏上大陆,必须与世界上诸强国直接竞争。

中国内敛型的发展道路有其历史依据、合理性,中国逐步放弃一些藩国也是不得已而为之。日本发散型的发展道路咄咄逼人，吞并琉球，进攻台湾，觊觎朝鲜。凡此，都是日本"大陆政策"一个又一个环节。假如超越中日两国极端对立的立场，两国发展道路的不同选择并非让人感到突兀。

至于朝鲜，在过往几百年确实是中国的属国，但到了近代，并没有跟随中国一起转变。中国那时没有精力，也没有意愿顾及朝鲜的发展，因而在1860年代法国、美国等西方势力相继试图进入朝鲜时，中国既没有向朝鲜提供必要的帮助，也没有尽到敦促朝鲜转身的责任。相反，当美国尤其是日本与朝鲜发生冲突时，中国以"番国自主"为托词，拒绝为朝鲜的行为背书，拒绝承担"上国"所能承担的政治责任。

中国的拒绝让日本有了与朝鲜直接交涉的理由，1875年日本借助于"云阳号事件"与朝鲜谈判，达成《江华条约》。这既是朝鲜被迫开放的开始，也是中国在朝鲜宗主权受到严峻挑战的起点。日朝两国在条约中相互确认对方为"独立主权国家"，中国在朝鲜的宗主权被日朝两国莫名其妙地单方面予以取消。

日本在《江华条约》谈判前后确实使用了一些雕虫小技，确实利用了中国大臣不敢承担责任的心理缺陷。不过也应该承认，日本通过这个条约将朝鲜强硬拖上了近代的轨道，中朝关系降至历史最低点。

中国当然不会轻易接受这样的结果，当中国领导人尤其是李鸿章明白了《江华条约》对中国的意义后，很快开始了战略反击。李鸿章认为，如果让日本独占朝鲜，对中国的威胁太大，朝鲜不再是中国的战略缓冲，反而成为日本进攻中国的跳板、桥头堡。要让朝鲜重回中国"国防外线"的战略定位，就必须设法将世界各大国引至朝鲜，以"大国均势"遏制日本、俄国对朝鲜的觊觎。李鸿章的外交战略，很长时期被视为传统的"以夷制夷"。

帮助朝鲜对外开放符合中国的利益，也符合朝鲜的利益，日本对此也毫无办法。经过李鸿章的努力，美国、英国、法国、德国以及意大利、俄国等各大国相继与朝鲜签署双边通商协议，一个向全世界开放的朝鲜在1880年代初期大致成型。中国顺顺当当夺回了朝鲜事务的主导权，即便此时不再刻意强调所谓"宗主国"，中朝之间的关系就是"特殊的国与国之间的关系"，而非一般意义上的外交关系。

中朝之间的紧密关系让日本很不舒服，稍后发生的壬午兵变、甲申政变，实际上都是中日两国为了争夺朝鲜事务控制权而发生的冲突。壬午兵变、甲申政变，都因中国方面强势出击而平息。

1884年甲申政变背后力量为日本，日本支持的所谓"开化党"，其实就是一批亲日派。他们利用中法战争而发难，但他们没有料到驻扎在朝鲜的清军在袁世凯等年轻军官带领下迅即出手，平息了动乱。

甲申政变后，中国在朝鲜拥有绝对主导权，但是为了平衡与日本的关系，也是因为中国此时毕竟两面作战，没有办法与日本动真格，一决胜负，李鸿章在与伊藤博文的善后谈判中作了一个至关重要的让步，同意将来假如朝鲜发生类似壬午兵变、甲申政变这样的动荡时，中国向朝鲜出兵，一定会照知日本，日本也有权向朝鲜用兵。这就为后来的甲午战争埋下了一个巨大的伏笔。

日本在甲申政变中吃了亏，中国通过壬午兵变、甲申政变夺回了朝鲜事务主导权。此后十年，中国驻朝鲜商务代表为袁世凯，袁世凯的强势一方面扩大了中国的影响力，另一方面使朝鲜臣民中的反华势力暗中发展，为后来的变局留下了隐患。

1894年，朝鲜发生东学党起义，朝鲜政府很长时间无法平息。不得已，朝鲜政府请求中国政府给予援助，而日本获悉这一消息后，格外积极地鼓励中国政府向朝鲜派兵。

中国政府显然没有意识到日本的险恶用心，自认为向朝鲜派兵平息动荡只是在履行宗主国责任。

当中国军队抵达朝鲜时，日本参照十年前伊藤博文与李鸿章的约定，也向朝鲜派兵，而且规模巨大，持续不断。中国方面发现苗头不对，动议中日两国同时撤兵。但是日本有备而来，根本不再理睬中国的动议。日本政府此时的目标就是要借这个机会大打出手，一举驱除中国在朝鲜的势力。

东学党起义平息后，日本军队并没有在朝鲜继续留驻的理由。但是日本人此时节外生枝，向中国政府提议两国携手，共同改革朝鲜内政。日本的目标就是不撤兵，他们很清楚中国政府不会答应这样的要求，但他们可以借着这个冠冕堂皇的理由欺骗国际社会，摆脱自己在国际上的困境，以"改革朝鲜内政"获取国际社会的认同。

日本"中日两国共改朝政"动议毕竟在道义上略高一等。因此，日本政府根本不担心国际社会压力，更不担心中国政府。6月22日，日本外相陆奥宗光向中国驻日公使汪凤藻提交一份备忘录，对中方拒绝"共改朝政"深表遗憾，表示日本不会因为中国的拒绝而放弃这项动议，在朝鲜内政改革完成前，更不会撤退驻扎在朝鲜的军队。这份外交照会后来被称为"第一次对华绝交书"。中日两国在朝鲜问题上各行其是，冲突几率越来越大。

既然对华绝交了，日方当然不再顾及中方态度，日本开始向朝鲜大规模用兵，并着手单方面制订"朝鲜内政改革方案"。朝鲜事务主导权因这个细微变动渐渐向日本方面倾斜。日本的挑衅激起中国内部相当不满。一些力主对日本强硬的人不断向朝廷施加压力,请求强硬以对。6月25日,朝廷告诉李鸿章,口舌之争无济于事,日本大规模向朝鲜用兵,使半岛形势日趋恶化,究应如何处置,还望尽早拿出办法。

根据指示,李鸿章有一详细禀报。他仔细分析中日军事实力,以为海上交锋恐无胜算,陆地上的军事行动,如果没有大规模用兵的计划也很难成功。即便大举用兵可以扭转局面,但李鸿章依然认为不应轻启衅端。他详细列举北洋海军装备,强调堪备海战的战舰只有八艘,其余船舰只能供运输、练习而已。最近数年,部议停购船械,未能续添,而日本每年必添铁快新船一二艘,海上交锋北洋绝对处于劣势,并无胜算。

至于陆路,李鸿章说,沿海各军将领久经战阵,器械精利,操演纯熟,然合计不过两万人,分布直隶、山东、奉天三省海口扼守炮台,兵力本不为厚。如果让他们出境援朝抗倭,必须抽调大规模主力,而大规模主力一经抽调,则处处空虚,转虑为敌所乘,有妨大局。

李鸿章建议从两个方面准备:一、如果一定要在朝鲜问题上惩处日本,那么就应该认真准备,假以时日,筹集足够经费,添置必备装备,大规模扩充军力,战则必胜,不打无把握之仗。二、建议朝廷还是谨慎考虑,不要轻启边衅,否则后患无穷。

避免冲突是理性的,只是不管是朝廷内部,还是前线军人,似乎都还死守传统宗藩理论,依然将朝鲜想象为中国的藩邦,以为日本对朝鲜的干预就是对大清的蔑视。他们不知道时移势易,大清不再是过去的大清,日本不再是过去的倭寇,朝鲜也不再是过去的藩国。然而他们保护藩国的呼吁非常诱人。7月12日,御史张仲炘等联名上疏,从检讨中法战争失误始,归结为必须与日本在朝鲜一决胜负,因为朝鲜与东三省壤地相接,为我国家必争之地,日本窥伺,俄国垂涎,英国虎视。今日"我大清"不粉碎日本野心,东北亚乱局势必给"我大清"带来无穷后患。

爱国主义、国家利益是最好的说辞,日本大规模用兵也给中国留下了这样的机会。其实,日本本来就期待中国同样向朝鲜用兵,只有这样才能为日本找到军事行动的正当理由。日本大规模军事行动严重刺激了中国。7月14日,朝廷指示李鸿章改变原来思路,积极筹备,向朝鲜发兵。李鸿章根据指示,调整布局,抽调精兵开赴朝鲜。

何以失败

7月21日下午,满载清军和武器弹药的"爱仁"号从天津大沽开行。第二天傍晚,"飞琼"号离港。第三天,也就是7月23日晚,"高升"号从大沽启程。北洋海军副将方伯谦率"济远""广乙""威远"三舰护航。25日,日本不宣而战,袭击"济远""广乙",悍然击沉"高升"号运兵船,一千多名清军官兵命丧大海。

"高升"号沉没,标志着甲午战争爆发。8月1日,中日两国同时发布宣战诏书,相互指责。

中国已进入朝鲜境内的军队主要驻扎在牙山一带,有两千多人,指挥官为叶志超、聂士成。当他们发现牙山可能将成为日军进攻对象时,突然感到牙山其实为"军事绝地",易攻难守,不宜久留。于是他们主动调整部署，由聂士成将主力撤至成欢驿。

对于清军的行动，日军密切跟踪，悄然完成对成欢驿的包围。28日拂晓，日军突然发动进攻。经几个小时激战，日军占领成欢驿，聂士成率众突围，向平壤集结。

成欢驿之战，清军损失两百多人，并不算多。但这一战却使清军问题暴露无遗，失败主义情绪此后一直在清军中弥漫。相反，日军却通过牛刀小试，赢得了先机，振奋了军心。

进入9月，日军分批进逼平壤，逐步完成对平壤的包围，切断清军退路。9月12日，日军分东西两路向平壤发动大规模进攻，清军将领马玉崑、左宝贵、卫汝贵等率部奋力抵抗，战斗至15日，双方互有死伤。

平壤战役是甲午战争中近乎唯一的亮点，但终因日军死死围困，致清军有全军覆灭之虞。平壤战地最高统帅叶志超与诸军统领商量，决定放弃平壤，保存实力。结果，兵溃如山倒，后撤的清军犹如惊弓之鸟，闻风而逃，退守中国境内，整个朝鲜随之成为日本囊中之物，甲午战争陆路部分就此结束。剩下的，就是海军。

两天后，9月17日上午10时，中日海军舰队在黄海大东沟水域狭路相逢。

12时50分，两国舰队相距差不多五千米时，日舰第一游击队突然左转，直奔北洋舰队右翼。犹豫片刻，北洋旗舰"定远"舰终于发射黄海海战第一炮。三分钟后，日本联合舰队"松岛"号发炮还击，旗舰"定远"主桅中弹，信号索具被摧毁，整个北洋舰队指挥系统在第一时间陷入瘫痪，海军提督丁汝昌身负重伤，指挥系统彻底失灵，此后各战舰基本上各自为战，激战五个小时，至下午五时许，"经远"舰被击沉，北洋主力损失殆尽，战斗结束。

是役，为甲午战争转折点。北洋海军"致远""经远""超勇""扬威""广甲"五艘军舰或被击沉，或被击毁。日本舰队"松岛""吉野""比睿""赤城""西京丸"五舰受重伤。清军死伤千余，日军死伤六百。此后，北洋战舰退守旅顺、威海，避战保船，不再出战，黄海制海权以及中国门户，均落入日军手中。

此后，日军乘胜追击，大本营分兵南北两路登陆作战，试图剑指北京，威逼清政府签订城下之盟。中国军队虽然也有顽强抵抗，但始终无法有效遏制日军强势进攻，转败为胜的希望越来越渺茫。1895年2月11日夜，被围困在刘公岛很长时间的北洋海军提督丁汝昌吞食鸦片自杀。刘步蟾、张文宣等将领也在此前后自尽身亡。

丁汝昌自杀后，美籍洋员浩威提议守岛将士借用丁汝昌的名义投降。2月14日下午，双方将领签署投降书。17日，日军开进威海港，清政府倾三十年国家财力营建的北洋海军，一度号称"亚洲第一"，甚至世界第六或第八，至此全军覆没，成为历史陈迹。

山东半岛沦陷，使京畿门户洞开，日军长驱直入进逼京师的危险大增，这是清廷建政中原两百多年以来最担心的事情。因而威海之战是甲午战争巨大转折点，先前的清廷即便在朝鲜陆地、大东沟海战连续失败，但只要本土防线不被突破，日军不大规模登陆作战，京师不受影响，战争总能支撑下去。现在，京师门户洞开，清廷终于在现实面前醒悟，终于知道李鸿章为什么在战前反复告诫不要轻启战端了。随后，清政府的选择只有一条路，那就是求和，最大限度减少损失。

结局与影响

　　一场甲午战争改变了中国历史走向,让之前三十多年中国的和平发展走向终结,也让因"同光中兴"而恢复的自信丧失殆尽。中国走向何处?此后,中国在维新、新政、革命、共和的道路上越走越远,变化越来越快。孙中山、严复、康有为、梁启超、袁世凯、张謇等一大批政治新秀相继出场,稍后的中国,由他们上演了一幕又一幕的历史大剧,循序渐进的洋务新政就此终止,政治激进主义渐渐成为思想主流,一浪高过一浪。自1895年起算,至1915年袁世凯"帝制自为",在二十年时间里中国走过了西方国家诸如法国差不多两百年的历史。这种国家将亡,时不我待的惶惑感、毁灭感、紧迫感,其实都来自甲午战争。

我们今天应该如何理解义和团运动

公元1900年，是人类步入二十世纪第一年，全世界都在为新世纪到来而欢欣鼓舞，辞旧迎新。然而，在中国却是一个例外。

那一年春天，一场突如其来的风暴席卷了大半个中国。"不到三月遍地红"的义和团运动使京津，使华北，甚至使整个中国陷入一片混乱，列强在华利益受到严重损害，他们最后联合起来出兵中国，"代剿"义和拳，赤手空拳的义和拳与列强的真刀真枪交手，结果可知。逃亡西安的清廷最后与列强签署《辛丑条约》，结束战争，恢复和平。中国就是以这样一种特殊方式进入二十世纪。

又一个世纪过去了，学术界对义和团运动进行全面深入的研究，但分歧仍在。很长时期，很多史学家以为义和团运动是近代中国一次革命高潮，是中国人民自发的"反帝反封建"爱国运动。并且，这场运动给帝国主义、封建主义以沉重打击，一方面粉碎了帝国主瓜分中国的图谋，另一方面善后条约巨额赔款、不平等压制，让中国陷入"半殖民地半封建的谷底"。①

而最近几十年，随着中国改革开放发展，另一种新史观对义和团运动给予全新解释，一种比较激烈的看法以为义和团运动所呈现的排外主义情绪，滥杀无辜行动，具有明显的"反人类倾向"。义和团运动是近代中国历史发展的逆转，与近代中国发展大势相悖。②

其实，仔细分析义和团运动缘起、转折及后果，我们可以看到，这场运动的性质、意义，并非如此简单，也没有那样大的关怀、意义，这场运动确实与近代中国走势相悖，但又有其根源及必然性，其后果从反面加速了中国政治改革的进程。

"义和团起山东"

在谈到义和团运动起源时，过去的研究一般侧重于帝国主义侵略，中西文化冲突，传教士的傲慢，地方官府的偏袒。这些判断都对，外部因素确实是义和团运动发生的一个触动点。但是仅仅说到这里远远不够，依然显得太抽象，因为西方国家进入中国已经好几十年了，为什么在过去没有发生这样带有全局性的排外运动？过去的那些教案，为什么都可以作为个案进行处理，而此时的义和团运动却不能轻易消解，而是引起了震惊世界的大动静？

很显然，义和团运动的发生还有具体原因。这个原因，就是

---

① 张海鹏：《反帝反封建是近代中国历史的主题》，《冰点》2006年3月1日。
② 袁伟时：《现代化与历史教科书》，《冰点》2006年1月11日。

1895年中日达成的《马关条约》。这个条约改变了先前几十年清政府一直坚守的对外政策，在日本以及列强的压力下，中国被迫同意国际资本自由进出中国。

国际资本东移亚太，是十九世纪中叶后一个明显动向，是西方国家市场饱和，资本过剩的必然结果。中国巨大的市场，以及潜在的巨大消费能力，让西方国家垂涎欲滴。但是清政府为了保护自己的国内市场，为了国内政治稳定，始终不敢让外国资本自由进出中国。即便在1860年开始向西方学习后，清政府一直坚守有序开放，稳步发展。

有序开放，稳步发展，让中国在1894年之前三十年获得了巨大进步，取得了巨大成绩。但是也应该看到，由于中国自身资本不发达，中国在走向繁荣的时候，并没有办法依靠自己的资本进行大规模现代化建设。中国不是不想修铁路、开矿山，而是没有钱，所以在1894年之前，中国的现代化设施，根本没有办法与同时期的日本比。

让国际资本自由进出中国，是一把双刃剑。《马关条约》之后，外国资本潮水般涌进中国，中国先前几十年想建而没有办法建的铁路在短短几年时间大致完成关内的基本路网；沉睡数万年的矿产资源，也因为外国资本的进入而迅速获得了开采，造福于社会。中国的基础工业在甲午之后获得迅猛发展，一个全新的、先前不存在的民族资产阶级迅速发生、成长起来。

大规模的建设，带来了大繁荣、大发展，也带来一些发展中的大问题。大规模的拆迁、征地，让无数农民脱离土地，成为流浪者。列强确曾与清政府达成谅解，征用土地、安置失地农民均由中方负责，如果发生利益冲突，发生群体事件，同样由中国地方政府负责处理，外方不得介入。至于中国老百姓的损失，则由外国资本在与中国的贸易往来中给予补偿，比如税收。这些制度性安排如果都落实到位，相信那时农民的情形要好些，即便不能充分分享对外放开的发展成果，至少不至于损失惨重。

然而，中国毕竟刚刚从传统中走出，政治设施不完善，民众的权利意识的不觉醒，各级官吏的不尽责，让失地农民并没有获得足够补偿，他们离乡背井，成为城乡间的流浪者。他们的冤屈无处申诉，忍耐、憋屈，游走江湖，因为他们总要活下去。他们不自觉地成为义和拳等民间秘密结社的主力。

至于那些有机会到新开办的外国企业中打工的失地农民，他们不仅受到洋人的盘剥，而且受到来自福建那些懂"鸟语"的"假洋鬼子"欺负。[①]这些假洋鬼子狐假虎威，加深了中国人与西方人的裂痕。

长江流域及南部中国的开放已有很多年了，缓慢发展有坏处，也有好处，就是让那些破坏性问题缓慢暴露，因此南方并没有随着外国资本进入出现很大的问题。而北方，特别是山东，由于在甲午战后特别是1897年胶州湾事件后成为德国独享的势力范围，而德国作为后来的西方资本主义国家，不仅贪婪，而且急迫，因此，中德间的不和谐在所难免。"义和团起山东"，主要应从这个层面进行解释。

---

① 《张美翊致盛宣怀函》，《义和团运动——盛宣怀档案资料选辑之七》，17页，上海人民出版社，2001年。

"不到三月遍地红"

至于中西文化冲突，甲午战后，主要的还不是中西文明层面的理念冲突，而是西方各国传教士在清政府允许他们自由传教后急剧扩张，相互之间无序竞争，结果就使得早期进入教会的中国人并不是因为对基督教有认识才进入，他们是一些"无良"的人。用恭亲王的话说，他们或许就是"中国人中的垃圾"。这些人帮助教会急剧扩充了人数，但同时也使教会在中国失去了巨大的潜在信仰群。

四处流浪的失地农民，因甲午战争结束被遣散的大量兵勇，他们在游走江湖的时候相遇相识，他们中慢慢地成长出一批被称为"社区精英"的领袖，这批领袖略通武功、重然诺，具有传统儒侠的气质，喜欢出面摆平各种各样的纠纷，于是这些四处游走的民众就在这些社区精英领导下组成许多松散的民间秘密结社，这就是义和拳、大刀会、红灯会等来历。

清政府对于民间秘密结社，两百年一直采取非常严厉的措施，露头就打。那么为什么在这个特殊的年代里，清政府不仅容忍了这些秘密结社的存在，而且还有意识利用他们呢？对于这个问题，过去的研究多从爱国主义层面想。其实，如果就历史事实分析，主要是清廷非常自私的考虑，是特殊背景下的一种权宜之计。

现在的研究已经表明，在经历了1898年秋天政治逆转大折腾后，光绪帝原本就羸弱的身体出了状况。过去的研究依据康有为、梁启超的说法，以为清廷保守派试图换掉皇上。这个说法是不对的。但是在专制体制下，最高领导人并未"龙驭上宾"的时候没有办法中场换人，而光绪帝不仅没有子嗣，而且注定以后也不会有。清廷遇到了帝制时代的难题，经过长达一年多的思考、反复，清廷在

1899年底决定为光绪帝找个大阿哥,由大阿哥替代光绪帝参加一些礼仪性活动,以便使光绪帝能够静养。

如果基于一种道义、善良,对清廷的这种做法应该给予同情、理解。然而1898年的血腥确实使清廷在国内外丧失了一些道义上的同情,康梁等政治流亡者的攻击使海内外都信以为真,上海名流数千人竟然致电朝廷反对换人。① 各国公使在这种情绪影响下,也不愿与清政府沟通,了解事情真相。

其实,清廷选定大阿哥,表明其有意结束过去,重新开始。至于大阿哥和他的父亲,好像也不是后来所妖魔化的那样邪恶。大阿哥是一个可以塑造、培养的孩子,相信那些全国一流名师要不了几年时间就会将其训练成一个彬彬有礼的君主;至于大阿哥的父亲端王载漪,在那之前只不过就是个王爷,并没有什么政治立场,说不上保守,也说不上激进。他们父子只是因为与皇室血缘关系更近些,所以得到了这个机会。国内外特别是各国公使如果从这个层面去理解,去与清政府积极接触,事情或许是另外一个样子。各国公使拒不承认大阿哥,拒不愿意与端王进行任何接触,这其实是将清政府推向一个保守的方向,因为这毕竟关涉一个王朝的尊严、主权。

中外之间因大阿哥事件引发僵持无法化解,原本并没有什么政治理念的端王载漪开始变得不耐烦,开始厌恶洋人,开始排外。正是在这样一种背景下,清廷有意识利用了义和拳等民间秘密结社对外国人的不满,希望以此寻求中外关系的突破。

在山东境内的义和拳等民间结社,在过去几年因山东的大开挖、大发展而急剧膨胀,山东地方当局从全国大局出发,适当运

---

① 《上总署转奏电禀》,《经元善集》,309页。

用软硬两手进行对付,应该说得到了适度控制。换言之,当中外之间交涉不那么顺畅时,山东巡抚适度释放民间排外情绪,给列强以颜色。而当中外交涉比较顺畅时,山东地方当局就尽量控制住民间的排外情绪。甲午战后短短几年,山东巡抚先后换了李秉衡、张汝梅、毓贤三任,尤其是毓贤,为了稳定地方,一改李秉衡严厉镇压的措施,对于本地区失去土地的流民以习技勇自卫身家略表同情,一旦某地发生民教冲突、中外冲突,毓贤的本能反应就是将外地人、本地人、中国人、外国人分别开来,尽量使本地人、中国人获得解脱,将责任推给外地人、外国人,甚至宣称外地流民是打着义和拳、大刀会名义的游匪,因而这些群体冲突与真正的义和拳、大刀会并无关联。

毓贤等人息事宁人的做法在特殊历史背景下情有可原,但各国公使对这样的做法非常恼火。在各国公使一再强烈要求下,1899年底,袁世凯替换毓贤,出任山东巡抚。

袁世凯早年常驻朝鲜,主持过朝鲜的对外事务,具有国际交往经验。甲午战后,一直主持新军训练,在各国公使心目中,袁世凯不仅是干才,勇于任事,而且具有现代理念,与守旧者不同。他们相信,由袁世凯主持山东,长时期困扰各国的民教冲突势必能得到缓解。

正如各国公使所期待的那样,袁世凯上任伊始,迅即发布措辞强硬的告示,要求山东境内义和拳民众尽快自动解散,否则严厉镇压,格杀勿论,决不姑息;对于那些"献首"、自新的义和拳民众,袁世凯宣布既往不咎。[①]

[①] 《袁世凯致徐世昌函》,《近代史资料》1978—2,19页。

袁世凯的软硬两手迅速见效，特别是英国传教士卜克斯被中国民众杀害后，袁世凯迅速缉拿凶犯，严厉镇压，杀一儆百，使山东境内的义和拳、大刀会等民间秘密结社迅速溢出山东，逃往那些还没有动手镇压义和拳的地区。

义和拳这些民间结社虽然有杀人越货的行为，但毕竟不是这些结社的整体表现，因而袁世凯在山东境内的强硬措施固然有效，但并不能在全国范围内普遍推广。不管怎么说，这些民众都是大清的子民，因而清廷不可能痛下决心在全国范围镇压。所谓"义和团起山东，不到三月遍地红"，主要就是因为袁世凯的强硬镇压，使发生在山东的这些组织向全国迅速溢出，京、津、直隶地区成为重灾区，这些流民"散布京城，潜通南宫、冀州一带，无知之辈，明目张胆，到处勾劝"①。每当夕阳既西，肩挑负贩者流，人人相引习拳，甚至有大户人家也开始设坛，王公贵族随着起舞，据说倡导最力的是就是大阿哥的父亲端王载漪。②

所谓"宣战诏书"

山东义和拳外溢，只是一个内政问题，假如清廷采取一个全国性措施，这种情形也不是不能根治，至少不会像后来那样成为无法收束的全国性动荡。义和拳之所以闹到这样，特别是义和拳能够堂

---

① 《御史李擢英片》，《义和团档案史料》上，71页，北京：中华书局，1959年。
② 唐晏：《庚子西行记事》，《中国近代史资料丛刊·义和团》第三册，471页，上海人民出版社，1987年。

而皇之进入严密防范的京城，显然如果没有来自高层的默许，是根本不可能发生的。

事情的蹊跷在于，清廷自从为光绪帝选择了那个大阿哥之后，中外交涉就遇到了前所未有的困难。各国公使或许听信那些政治流亡者的分析，以为光绪帝代表中国的未来，而端王载漪则代表守旧，因而各国公使死活不愿与端王打交道，不愿向清廷致贺。这对帝制中国无疑是颜面扫地。怎样扭转这尴尬的局面，也委实让端王为难。

恰当此时，袁世凯替换掉的山东巡抚毓贤回京赋闲，无所事事，百无聊赖，总要到各位王爷、大臣那里走走门子，寻找重出机会。大约就在这个时候，毓贤在山东的"地方经验"派上了用场。怎样让外国人屈服，毓贤的办法不过就是有意识释放义和拳等民间秘密结社对外国人的仇视情绪，以此让外国人有求于清政府。①

各国公使并没有因为京津直隶局势混乱加剧改变自己对大阿哥的看法，而毓贤却因此出任山西巡抚。山西是外国传教士比较多的省份之一，而毓贤被免除山东巡抚时，清廷已答应各国公使，不会重新任用毓贤；即便不得已而重用，也不会将其放到外国人多的省份。清廷的做法违背了先前的承诺，遂使中外间的误会不是减少，而是加深、加大。各国公使不断向清廷施压要求剿灭义和拳、大刀会，维护各国利益；而清廷主政者尽管没有正面要求各国公使承认中方政治变化，但对各国的要求则不那么积极，京津直隶地区的局势更加恶化。进入5月，京城内外遥相呼应，越闹越大。近畿一带，如清苑、涞水、定兴，尤其是保定府，相继发生焚毁教堂、杀害教民等多起恶性事件。在京城地面，"颇有外来奸民，妄造符咒，引

---

① 马士：《中华帝国对外关系史》卷三，199页，北京：商务印书馆，1960年。

诱愚民,相率练习拳会;并散布谣言,张贴揭帖,辄称拆毁教堂,除灭洋人,借端煽动"。① 在西四牌楼羊市南壁上发现义和团乩语:"一愁长安不安宁,二愁山东一扫平,三愁湖广人马乱,四愁燕人死大半,五愁义和拳太软,六愁洋人闹直隶,七愁江南喊连天,八愁四川起狼烟,九愁有衣无人穿,十愁有饭无人餐,过戌与亥是阳间。"② 随后不久,类似的揭帖在京城到处张贴,鼓动拳民焚毁教堂、使馆。在京洋人,均有自危之心,各电本国,请兵来京,自行保护。

北京局势确实在持续恶化,清廷对此也开始感到了忧虑。5月27日下午,庆亲王应邀与英国公使窦纳乐、俄国公使格尔思会晤,庆亲王表示朝廷知道现在的困难,也已向直隶总督发布最严厉的命令,他劝各国公使相信中方有能力保护公使馆,不赞成各国军队进入北京。不过,庆亲王也表示,如果各国公使执意这样做,中方并不完全反对。

基于安全考虑,各国公使决定从大沽口外海面调集一批军队进京,加强使馆、教堂及外国人聚集区的警卫。5月31日,第一列军用专车向北京进发,几天后抵达北京的使馆卫队接近千人。

各国调集军队的目标是为了保护传教士、侨民、教民、外交官,至少此时并没有以清军作为作战对象。但各国军队的调动引起了中方严重不安,端王载漪、体仁阁大学士及大阿哥的师傅徐桐、军机大臣刚毅及赵舒翘、都察院左副都御使何乃莹等主张招抚义和拳。6月6日,清廷发布了一个上谕,刻意强调义和拳民众练艺保身,守护乡里,值得同情。

---

① 《总理各国事务奕劻等折》,《义和团档案史料》上,98页。
② 《义和团文献》,《近代史资料》1957—1,15页。

清廷的转向让各国公使更加恐慌。6月10日，各国任命英国海军中将西摩率领一支人数更多的联军前往北京，保护使馆。无奈，京津间的局势完全失控，西摩联军用了十七天时间，不仅没有抵达北京，反而被义和团围追堵截，逃回了天津。

西摩联军无法顺利抵达北京，在各国司令官看来，主要是因为清军驻守的大沽炮台阻断了联军与后方的联系，因此各国司令官6月16日向清军驻守大沽炮台的指挥官罗荣光、直隶总督裕禄各发一份通牒，要求中方翌日凌晨两点将炮台交给联军。

作为军人，罗荣光当然不会接受联军的要求，他在没有外援的情形下，与几千守军浴血奋战，但终因敌众我寡而丢掉了炮台，付出巨大牺牲。

在大沽炮台争夺战打响前，罗荣光曾派员向直隶总督裕禄求救，裕禄表示天津防御已很吃紧，没有办法提供支援。这不能说就是罗荣光失利的原因，但很显然作为直隶总督的裕禄对大沽炮台失守负有相当责任。

其实，联军也注意到了这一点。联军送给罗荣光、裕禄的同文照会，送达的时间就有差别。送给罗荣光的时间为16日下午，而送给裕禄的则拖到第二天上午十点，尽管照会上的时间仍然写着16日。

当裕禄收到联军送来索要大沽炮台的外交照会时，大沽炮台已到了联军手里，几千守军早已溃败。然而，裕禄不是将这个结果及时报告朝廷，反而将联军的最后通牒紧急报送朝廷，说他接到这份照会，各国水师提督"限至明日早两点钟时将大沽口各炮台交给"联军，逾期不交，即当以武力占领。①

---

① 《直隶总督裕禄折》，《义和团档案史料》上，147页。

裕禄的报告送到北京的时间为19日下午，此时距大沽炮台失守已两天。尽管过了两天，朝廷对天津的事情一概不知。慈禧太后、光绪帝虽在那几天连续召集御前会议，王公大臣虽然对战与和、剿与抚提出很多看法，出了许多主意，但究竟是战是和，列强究竟是像他们自己所宣扬的那样要帮助清廷剿灭义和拳，还是要以清廷为敌，对清军开战，这在之前几次御前会议上并没有结论。现在好了，裕禄的报告来了，列强索要大沽炮台了，这不就是明明白白要与大清为敌，准备开战吗？

其实，慈禧太后、光绪帝，所有与会者都不知道大沽炮台已不在清军手里，所以他们讨论的前提就是怎样阻止联军，怎样保住大沽炮台。直至6月20日，上谕仍要求裕禄报告与联军交涉最新进展，仍不知大沽炮台已被联军占据。上谕说："裕禄于二十一日（17日）后并无续报，究竟大沽炮台曾否开战强占？连日洋兵作何情状？现在招募义勇若干？能否节节接应？拳民大势又是如何情形？著即迅速咨明总署转呈，并遵前旨随时驰报一切。"①

由于根本不知道天津方面的情形，所以19日下午的会议上，与会者普遍认为，联军索要大沽炮台将引发严重的政治危机。权衡利弊，他们所能做的就是坚决拒绝联军这一蛮横要求。怎样才能做到这一点呢，那就要有不惜破裂的决心、意志，要以不可动摇的强硬态度迫使列强让步，放弃索要大沽炮台的无理要求。下午五时，总理衙门向十一国公使及关税处送去十二份同文照会，大意是联军索要大沽炮台令人震惊，显然是各国有意失和，首先开衅。既然如此，现在北京城里也是一片混乱，人心浮动，那就请各国公使在

---

① 《军机处寄直隶总督裕禄上谕》，《义和团档案史料》上，157页。

二十四小时内下旗开路,前往天津。[①] 这个照会就是后来一直争议的"宣战照会"。其实仔细分辨,这只是一份普通的外交照会,只是表明清政府强硬的外交姿态而已。

历史性灾难

我们今天可以这样理解这个照会,但在当年,各国公使却不这样认为。他们收到这份照会后立即陷入极度恐慌,因为他们既不知道天津究竟发生了什么事情,也不知道这个"最后通牒"究竟意味着什么。

外国人对生命的理解与中国人很不同,各国公使弄不清这份照会的意义,但他们中没有一个人愿意冒险找清政府中负责任的人聊聊,弄清真相。十一国公使争论了一个晚上不了了之。天亮时,德国公使克林德建议大家一起前往总理衙门,至少要向中方表达二十四小时的宽限太短了,那么多公使、家属及传教士,根本无法撤退完。然而,公使馆外面的情形,或许真的很乱,或许他们被清政府的决绝镇住了,竟然没有一个人响应克林德的建议。

克林德是非常有个性的德国人,别人不去更让他觉得自己有责任完成这个使命,更何况他与总理衙门本来就有一个约会。所以,克林德带着秘书前往总理衙门。不料刚到东单路口,克林德就被清军一枪结束了性命。

这一天为6月20日。从此后,公使馆的外国人再也没有人敢

[①]《照会》,《义和团档案史料》上,152页。

出来活动，他们既不愿与清政府交涉，也没有办法与在天津的外国领事联系。公使馆成为一个孤立的堡垒，上千名外国人、教民在里面困守，外面则是清军、义和拳团团包围。

义和拳包围公使馆，无疑要与外国人为对手，至少是与追随外国人的"二鬼子"教民为敌。至于清军，很难说是要进攻公使馆，因为正像慈禧太后稍后西行途中所说，假如清军执意进攻公使馆，一声令下，公使馆早就夷为平地了。言下之意，清军并不是与义和拳民众"合围"公使馆，而是将义和拳与公使馆隔开，保护公使馆的安全。应该承认，这个说法是对的。

清军护卫着公使馆，但清政府对世界的所有发言并不被各国政府所信任，全世界的注意力在北京，但各国政府与公使馆无法取得直接联系。至于在天津的各国领事、各国海军将领，他们虽然对各国公使的处境深感焦虑，但他们普遍高估了义和拳的威胁、清军的实力，一定要等各国增援部队来了方才肯向北京进发。于是，时间一天天消逝，中外僵局也没有办法打开。直至8月初，八国联军中的七国军队在天津完成集结。4日下午，两万联军开始向北京出发。仅仅十天，8月14日，联军先头部队突破北京防线，进入使馆区，被围困了两个多月的外交官、传教士恢复了自由。

1900年的义和团运动，确实使北京遭受到1860年以来最严重的破坏。联军进入北京不久，应清政府要求，赫德在与各国公使磋商后，于9月1日向中方提交了一份善后清单，并私下告诫中国大臣无论如何不能将围攻使臣的事情看得太轻，更不能误看。因为这是各国在国际交往中最看重的一件事情。赫德在这份文件中详细列举事件始末，分析中方应承担的责任，以为中方要想息事宁人，必须承认姑息纵容义和拳的错误，必须就义和拳围攻公使馆、枪杀公使、教民等事情认错道歉，并给予适当赔偿。①

经过漫长的谈判，清政府与列强就惩办肇祸大臣、赔偿、使馆区扩大、使馆卫队、武器禁运、联军驻防、拆除大沽炮台及京津间军事设施等问题达成共识，1901年9月7日签署了《北京议定书》，通常又被称为《辛丑条约》。根据这个条约及其附件，中国向各国支付的赔款总额为4.5亿两，清政府为过去一年所发生的事情承担责任，并承诺为了不再发生这样的灾难，中国将加大改革，尽快与世界接轨。这个条约，一方面使中国的国际地位、国家尊严跌至谷底，另一方面又是中国重新起步的开始。这一年重新启动的"新政"就蕴含着这个意思；几年后的预备立宪，其实也是《北京议定书》的逻辑发展。

中国因此蒙受近代以来最大的耻辱，也因此重新起步，踏上走向世界之路。

---

① 《赫德围攻使臣始末节略》，《中国海关与义和团运动》，32页，北京：中华书局，1983年。

晚清新政为何走向反面

百年之后回望,晚清在政治改革上的图谋和努力不容忽视。清末,朝廷逐渐放弃专制,实施新政,意图建立君主立宪政体,这些努力让中国渐有现代国家的形态。不过,政改被皇族保守势力的顽固断送了,随后又被革命党人发起的辛亥革命中止。

1911年10月10日,武昌城里一场规模不大的军队哗变引起天翻地覆的巨变。不仅一个拥有两百多年历史的王朝退出了历史,而且顺带将延续两千多年的帝制一并终结。经过研究,我们对晚清的历史已有许多不一样的看法。我们不再认为晚清就是一味腐败、一味卖国,晚清政府其实在政治变革上做了不少努力,君主立宪经过十几年发展即将成功,何以到最后关头功亏一篑呢?一个还算具有活力的大清帝国何以在一夜之间顷刻瓦解呢?

清廷的觉醒

近代中国的所有问题都不是由社会内部自发产生的，而是由外部引发的，是西方工业革命和大航路开辟之后的必然后果。由于中国社会结构的复杂性，中国没有在第一时间追踪西方工业革命，实现社会转型，待到1840年被英国打败才走上近代化道路。这无论如何都具有一种被动的感觉或者不太舒服的别扭，所以清廷在那之后半个多世纪里，虽然要学西方，但在内容上却有很大保留，并不愿意像稍后的日本那样转身向西、脱亚入欧，将中国变成一个彻底的近代国家。

中国有选择地学习西方，并且在很短的时间里取得不小实效。到1891年前后，中国的经济在很大程度上恢复到太平天国和几次外部战争破坏之前的水准，在世界经济总量中占有很大比例。更重要的是，由于洋务新政的主旨是富国强兵，中国在那么短的时间里几乎超越了一个时代，跨越先前比较原始的冷兵器时代，构建出一支比较现代的新型军队，尤其是北洋海军，公认为亚洲第一、世界第六，足见"中体西用"在推动发展上不能说毫无功效。

问题在于，洋务新政二十多年的发展是畸形的，经不起考验。1894年那场局部战争不仅使二十多年倾国之力创办的北洋海军毁于一旦，而且在精神层面摧毁了中国知识阶层先前的自信或者说自负。甲午战争后，中国的知识阶层和政治精英知耻而后勇，转身向东，向先前的敌人学习，启动了一场必将改变中国面貌的维新运动。所谓维新，其实就是期望像日本明治维新那样进行一些政治体制方面的变革，不再固守先前"中学为体西学为用"的文化本位主义思想。这是中国人一个重要的觉醒，也是清廷统治者实事求是的深刻反省。

然而，中国的问题太复杂了，既有传统与现代的纠葛，又有种族之间的貌合神离，再加上其他种种内外的复杂因素，中国在1898年秋天发生了政治大逆转。第二年另立大阿哥，又引爆政治高层的派系冲突。保守的政治势力为了私利，竟然煽动民粹主义，鼓动义和拳弟兄用血肉之躯去挑战列强的真枪实弹，终于引发列强军事干预，最后以《辛丑条约》的耻辱而收场。

《辛丑条约》确实包含巨额战争赔款，但这个条约最重要的共识是要保全中国的主权完整，我们过去说义和团运动阻止了列强对中国的瓜分，就是这个意思。只是列强还要求清廷必须按照近代国家的标准进行政治革新，要引导国民的世界意识，不得煽动利用民粹主义和民族主义情绪。清廷在1901年开始的所谓新政，其实就是庚子国变之后的大彻大悟，也是国际环境变化的产物。

从君主专制到君主立宪

新政改革具有多方面内容，也就只是短短两三年的时间，新教育体系从上到下建构起来，盛行千年而越来越不合乎现实需要的科举制度波澜不惊地被终结；中国参照东西洋立宪各国重建了司法体系，行政官千百年来随意断案的习惯终于被专业的独立司法机构所取代；近代警察体系创建了，城市管理的雏形也出现了。特别重要的是，随着政治变革的进程，政府的职能权限逐渐收缩，社会越来越大，自治的民间组织逐渐主导了社会发展方向。凡此，都是1901年新政所带来的新气象。

新政带给中国许多新的东西，但到了1903年，新政的未来究竟怎样，其实又失去了方向。许多人将先前的发展看作是过去皇权专制主义的延续，以为凭借皇权专制主义才能更有效地组织社会动员，更合理地配置国家资源。这显然不对。根据梁启超1901年的介绍，中国人那个时候就知道在世界上至少存在君主专制、君主立宪和民主立宪三种政治架构。民主立宪不必说了，在君主立宪与君主专制这两者之间，许多中国人其实是倾向前者而不是后者，以为中国的方向就是日本，就是通过政治架构的改造，为至上皇权配置两个重要助手，一个是拥有一定权限的责任政府，另一个就是能够凝聚民意的议会。

对于君主立宪的构想，清廷在初期不积极不反对，但内心深处无疑倾向专制皇权，不太满意于有一个责任政府，有一个民选议会。然而等到1904年日俄战争，一个立宪的小日本战胜一个不立宪的大俄国，这当然使朝廷惊醒，特别是这个小日本在不到十年时间，相继战胜中国和俄国这两个横跨欧亚大陆的大帝国，从深层分析，其政治架构和立宪体制，无疑是非常重要的一个因素。

见贤思齐是中国古代圣贤的教诲。在家天下的时代，统治者无不希望自己的国家更强大，在国际上更能受人尊重。所以在经历了日俄战争的刺激后，在东三省治权从俄国人那里转到日本人手里之后，朝野上下很受刺激，于是有1905年五大臣出洋考察各国政治。这些皇亲国戚通过对东西洋立宪各国政治架构与实践的考察，得出一个重要结论，即君主立宪无碍于皇权，反而有利于皇权永固，有利于消弭革命，有利于抵御外患。君主立宪既然有这样多的好处，又是皇亲国戚亲眼所见亲耳所闻，还有什么好怀疑的呢？到了1906年秋，清廷郑重宣布争取用九年时间走完日本二十几年走过的路，将君主专制改造成一个完全意义上的君主立宪。

两个致命失误

清廷启动九年预备立宪，意在消弭革命，所以当清廷委派五大臣前往东西洋各国考察宪政时，革命党人吴樾在前门火车站用自杀性攻击进行抗议。只是这个行动不仅没有阻止五大臣的决心，反而将先前还有点儿犹豫的清廷一脚踢进了预备立宪的不归路，因为清廷最高统治者意识到，君主立宪可能是个正确方向，否则革命党为什么阻止呢？

革命党始终不愿承认清廷立宪的诚意，在后来的几年，革命党一方面用武装起义激励追随者，另一方面就是调动舆论批评清廷立宪的虚伪、欺骗及不可信。只是在百年之后公平地看，在涉及国家体制方面的改革上，清廷是不敢拿大清江山开玩笑的，他们的立宪不是真诚与不真诚的问题，而是必须成功，必须将大清带到现代民族国家，重构国家体制，前提当然是大清国还是爱新觉罗家族的大清国，江山不能易主，但江山必须改变，必须尽快使中国与世界各国处于同一境界和地位上。

基于这种视角，我们看到清廷在短短几年时间确实进行了不少改革，重建了中央及地方官制，理顺了中央与地方的分权关系，地方自治的可能性越来越大，各地的发展、竞争和相互模仿，也就成为那时各地发展的常态，地方的活力与激情真的被激活了，国家的精神面貌也就不一样了。1908年，清廷颁布了《钦定宪法大纲》，将一个美好的未来用法律的形式规定起来，这是中国数千年文明史上不曾有的事情，确实意味着中国有可能脱胎换骨浴火重生。

《钦定宪法大纲》规定中国的未来就是日本那样的君主立宪国家，过去许多批评者由于不太明白清廷内部结构，以为这是年迈的慈禧太后使的损招，大意是慈禧太后同意用君主立宪限制皇权，是因为她自己已经年迈，用九年预备进行拖延，当宪法必须实施时，她已经不在。这个说法其实没有道理。

实事求是地说，在光绪帝亲政后，虽然发生过垂帘听政，但皇权中心并没有偏移，清廷的政治权力始终就在她们母子两人手里，那时的光绪帝年龄不过三十八岁，按照康熙大帝、乾隆大帝的经验，光绪帝还有很长的路要走，如果他们存心不想将这个宪法付诸实践，他们完全可以在这个时候断然拒绝，大清国说到底是爱新觉罗家族的。

治国当然不是儿戏，"走上君主立宪"在朝野各界经过充分讨论，所以清廷在启动之后只能按照计划继续执行。只是计划跟不上变化，《钦定宪法大纲》规定的是一个强势的君主立宪状态。在那个框架里，虽然有一个责任政府，有一个民选议会，但皇权依然是政治的中心，皇权至高无上，因为年轻的光绪帝雄心勃勃，他以明治天皇为榜样，希望成为光绪大帝。

光绪帝没有想到他在颁布了这个宪法大纲后不久却突然去世，更想不到他去世不久慈禧太后也随之归天。清廷由此进入一个比较弱势的权力架构，光绪帝的弟弟载沣被任命为摄政王监国，光绪帝的隆裕太后被尊为隆裕皇太后，享有重大决策的最后决定权特别是否决权，载沣年幼的长子溥仪被立为皇帝，领入宫中进行培养。

新的权力架构显然没有办法与光绪帝及慈禧皇太后的组合相比，因而先前以皇权为中心的宪法构架就显得有点问题，一个弱势的皇权如何保证国家利益，尤其是在外交连连失败、东三省危机一波接着一波的情形下，这不能不引起忧虑。被预备立宪激发起来的各省立宪党人对此忧虑重重，他们连续请愿，希望朝廷遵从民意，调整先前九年预备立宪规划，早日立宪，以一个民选的议会和一个负责任的政府去协助皇权中心，维护国家利益。

经过交流和博弈，清廷同意修订预备立宪规划，将九年预备改为五年。也就是说，到1913年的时候，中国就将进入一个立宪国家，而在这种调整做出时已经是1910年，剩下的时间确实不太充分。

清廷的宣布平息了立宪党人的情绪，也使革命陷入空前困境，孙中山等人在策动黄花岗起义后流亡国外，或潜伏国内，谁也不知道什么时候还会出现革命高潮。国人的情绪被立宪充分调动，都在静等国家进入君主立宪新时代。

按照规划，进入君主立宪时代的第一项是宣布组建一个责任政府，这标志着国家进入君主立宪门槛。然后由这个政府负责国会选举，等到国会正式召集时，就标志着国家进入完全立宪状态了。这是一个稳妥的政治日程表，然而想不到的是，等到清廷宣布责任内阁名单时出了差错，一个责任内阁弄成了皇族内阁、亲贵内阁，十三个阁员竟然有九名来自皇室或皇族。更为离奇的是，新内阁成立第二天又出台一项新政策，宣布将各省民营铁路干线收归国有，各省民营资本的股权由朝廷使用，向四国银行团贷来款项统一赎回。这两项重要宣布无疑是两个巨型炸弹，使原本充满希望的中国立马陷入混乱。

从君主立宪到共和

按照摄政王后来的解释，进入君主立宪之后，满汉之间的不平等就不存在了。既然不存在满汉不平等，哪里还有什么皇族内阁、亲贵内阁呢？一个原本平常的内阁名单被说成是皇族内阁，是因为你们内心深处还存在不平等的意识。

我们应该承认，摄政王的解释从理论上说能够成立，君宪体制下除了皇室，确实没有一个享有政治特权的皇族。问题在于，大家刚从君主专制体制中走出来，皇族也是一个客观存在，十三个内阁成员中，假如颠倒一下比例，汉人九个，皇室、皇族四个，还会有人反对这个决定吗？显然不会。

至于铁路干线国有化，从政策的出发点来说，当然是对的，各省各自为政，修的铁路五花八门，路轨不一、间距不一，将来难以联网统一运营。而且，各省利用政策进行集资，甚至，如四川在集资后既不能修铁路，也没有修路，纯粹为了保值增值拿到上海存钱庄、买股票，这巨大的金融风险，当然也应该及早止息。这都是对的。但是，集资政策是中央同意的，损失的是每一个集资人，这显然是不对的，集资者不答应，要求补偿，也是对的。清廷对此不愿正视，不愿改正，双方的僵持从5月中旬至9月初一直无法打破。直至四川总督府门前发生流血惨案，终于引发新军将士的焦虑。所谓武昌起义，其实就是新军将士要对僵持数月的政治局面表示态度，就是通过武装哗变，或者说兵谏向朝廷施压。

如果说在这之前让清廷自我纠正两个致命失误比较困难，则武昌起义其实给清廷提供了一个契机，只是清廷没有正视这个机会，反而以为湖北新军的哗变就是反政府就必须镇压，至于皇族内阁和铁路国有，清廷更不愿在这个时候让步或调整。结果我们看到，直至湖南、太原等地新军相继起义宣布光复，清廷依然采取鸵鸟政策，不愿正面回应人们关注的实质问题，其内心深处其实认为这些哗变的各省新军不过是地方军队，只要中央军不出问题，一切都会照旧。

清廷的底线是不错的,只是他们显然低估了中央新军的政治觉悟。10月29日,就是武昌起义不到二十天,驻扎在滦州(今河北省滦县)的北洋新军主力第二十镇统制张绍曾等将领向清廷发出通电,提出十二条政纲,要求朝廷立即撤销皇族内阁,宣布皇族永远不得介入政治,尽快组成真正的责任内阁,立即召集国会,实行真正意义上的君主立宪。

第二十镇是中央军的主力,滦州兵谏终于使朝廷惊醒。第二天,摄政王以小皇帝的名义下诏罪己,很快撤销了皇族内阁,选举袁世凯组织责任内阁,开放党禁,宣布《重大宪法信条十九条》,这一系列举动为清廷君宪主义赢得了新的机会,南北之间的紧张略有缓解。然而到了召集国会时,新问题又出现了,那个先前把持着政治权力的皇族又不愿放弃权力,他们在南北和谈过程中一再刁难,终于引发新军将领段祺瑞等人的不满,段祺瑞等人遂于1912年1月26日联名通电,要求清廷明降谕旨,宣示中外,立定共和政体。

辛亥革命并没有失败

段祺瑞为代理湖广总督和武昌前线北洋新军第一军总统官,和北洋将领的共和通电一锤定音,宣布君主立宪政体成为过去,中国未来只有一条路,就是民主共和。南北胶着几个月的混乱局面终于理出了头绪,清廷剩下的事情就是尽量有尊严地退出。

走向共和在当时已成为唯一选择,但在走向共和的时候是否还应该像孙中山十七年来所要求的那样驱除鞑虏,将满洲人赶回东三省呢?我们看到,革命党人在稍后的谈判中有坚持有妥协,坚持了共和原则，放弃了驱除鞑虏。这个让步不仅表现出革命党人的高风亮节，以民族大义为重，而且由此骤然生发五族共和的政治概念，这对现代民族国家的建构，对二十世纪中期中国政治发展影响深远。

从清廷的立场看，原本为大清寻找出路的政治变革得出这样的结果，确实难堪，但正如严复所说，之所以一步一步走上绝境，是满洲贵族太不知妥协、不知退让。按他的说法，当清廷宣布"十九信条"的时候还有走上君主立宪的机会，只是皇族中的强硬派还对君主专制寄予希望，结果让煮熟的鸭子飞了。

当然，就革命党人特别是孙中山的立场说，辛亥革命的直接后果并没有实现他的政治理想，帝制终止了，民国建立了，然而这个民国与他的构想毫无关系。五权宪法没有了，军政、训政、宪政的三阶段构想没有了，用鲁迅的话说，民国除了一副空招牌外，什么都没有变。过去许多年，人们将这归结为中国资产阶级的软弱性、妥协性。言下之意，革命党应该不妥协、不懈怠，宜将剩勇追穷寇，战斗到底。

历史没有办法假设，走过的路就是历史。重新建构的中华民国确实没有遵从孙中山的设计，而是沿着晚清十年君主立宪的路往前走，各省咨议局改为省议会，各省都督改称省长，中央资政院改为国会。中国实际上在实行没有君主的立宪政治。从这个意义上说，辛亥革命并没有失败，中国毕竟因为这场革命打开了通往现代社会的大门。

辛亥革命发生的历史必然性

今年是辛亥革命爆发第一百〇五年。在这个特殊的日子里，我们去感怀历史，怀念先人，愈加感到1911年发生的这场大革命不容易，是中国历史发展的自然延续，合乎中国历史发展的一般逻辑，是中国历史发展的必然，也在中国几千年历史上留下最值得珍视的一页。

问题确实是从外部输入的

中国是一个具有悠久历史传统的国家，在过去数千年为人类文明做出了巨大贡献，长时间领先于世界，成为世界楷模，直至利玛窦来华，甚至直至马戛尔尼来华，西方智者但凡知道中国情形的，无不对这个古老的国度充满着敬仰。看看利玛窦之后两百年来华传教士写给他们同胞的大量信件和报告，看看德国哲学家的论述和法国启蒙思想家的讨论，那时的中国真有值得国人引以为自豪的地方。

然而到了英国工业革命发生后，到了法国启蒙运动发生后，中国没有实现同步转身，依然固守着传统的生产方式生活方式，于是中国在很短的时间里，就落后于世界，更重要的是，中国落后世界一个时代，人家已经进入工业社会、近代社会，中国仍然在前近代农业社会徘徊。中国没有及时随着西方工业革命的发展调整自己，当然并不意味着中国与外部世界完全隔绝。根据比较可信的记载，中外之间的贸易往来文化交流并没有因为满洲人入关定鼎中原而中断，中外之间的贸易冲突也因种种原因时有发生。1793年，也就是乾隆五十八年，英国政府派遣一个庞大的代表团漂洋过海来到中国。

马戛尔尼使团的目的有两个：一是解决中英之间的贸易失衡，因为中国的市场发育不充分，英国人从中国进口了大量的茶叶、瓷器等初级产品，而中国对英国工业品却需要甚少，贸易严重失衡；二是英国作为近代重商主义国家，随着其贸易活动全球化，英国迫切需要与中国建立正常的近代国家关系，以便保护英国商人在远东在中国的利益。

马戛尔尼访华是中外关系的转折点。此前，西方人在传教士的影响下，对中国文明怀有一种敬仰之情，以为中国文明即便不是世界文明的未来，至少也是世界文明未来发展的一个重要资源。法国启蒙思想家、德国哲学家等都对中国文明发出由衷赞叹。然而马戛尔尼访华失败后，西方人对中国人和中国文明的看法发生了根本改变。

中国无意着手解决中英贸易失衡问题，或许有着自己不得已的苦衷。然而清廷不愿解决问题的消极态度无疑激怒或者说惹恼了英国商人。这些早期资本家还处在原始积累的初级阶段，于是他们用"罪恶的鸦片贸易"去化解中英贸易失衡问题。

无限制的鸦片走私带给中国毁灭性的打击。用林则徐的话说，就是鸦片走私再不控制，将使中原几无可以御敌之兵，且无可以充饷之银。于是，在林则徐等强硬派主导下，中英之间爆发了这场以鸦片命名的战争，断断续续打了两年，时战时和，最终还是在英国人兵临城下之时签署了那份改变中国历史走向的《江宁条约》，这个条约后来被习惯称之为《南京条约》。

知耻而后勇，是中国往圣先哲的一贯教诲，但要做到这一点确实太难了。在清廷统治者看来，《江宁条约》的签订换来了持久和平，五口通商、香港割让，好像并没有根本改变传统中国对外贸易官方管制的基本格局。殊不知中国不痛下决心进行改革，更大的危机就在后面。

鸦片战争时，比较清醒的中国人就发出睁眼看世界的呼吁，就有"自改革"的呼声。在过去很多年，我们不知道睁眼看世界的真实意义，我们很多人都觉得那时的中国人很愚昧，竟然不知道世界在哪儿，中国在何方。这个解读其实是不对的。中国很早就知道世界有多大，中国在哪儿，还在很久远的时候，中国人就有大九州小九州的区分；也是在很早的时候，中国人就漂洋过海与世界交流，到过欧洲到过美洲，到过非洲到过南洋。直至鸦片战争爆发，中国人都没有中断与外国人的交流，没有终止与外国人的贸易，这些贸易既有合法的管制的通商口岸的官方贸易，也有管制经济下必然出现的非法贸易，明清时期所谓倭寇，就其本质而言其实就是武装走私，是经济高度管制后的走私贸易。所以，到了鸦片战争，到了中国人说要"睁眼看世界"的时候,这句话的真实意思不是中国应该开放,应该与外国进行交流,而是中国人应该看清中国在世界上的真实位置,弄清中国究竟与世界主流存在着怎样的多大的差距。这才是睁眼看世界的真实意义。

睁眼看世界强调中国应该向西方学习,应该积极主动地"自改革",不要被动地"被改革"。向西方学习,甚至向敌人学习,在传统中国文明看来并没有什么问题没有什么耻辱。儒者以一事不知以为耻,不耻下问,学习一切不知道的东西。这些都很正常,是中国文明发展的正途。然而或许是因为满洲贵族统治集团根本没有被汉化,根本不知道中国文明的真谛,或许因为他们承平太久了,对鸦片战争这点损失这点冲突太不以为然了,总而言之,中国并没有在鸦片战争之后迅速改变,清廷依然没有向西方学习的意思,浑浑噩噩度过了十几年。

1850年代中期,英国、法国以及美国都不再满足1840年代的五口通商,他们先后向清廷提出修约要求,期望中国全境开放,自由通商,期望建立近代国家关系,互派外交使节。对于列强的要求,清廷依然以天朝上国自居予以拒绝,于是引发第二次鸦片战争。

第二次鸦片战争打的确实不是时候,清廷不仅要与西方人作战,还有已经发生的太平天国内乱尚未平定。内外交困的清廷在与西洋人交手之后产生了一个意想不到的后果,即西洋人的坚船利炮彻底震撼了中国人。坚船利炮无疑是热兵器时代的基本武器,反观清廷的军队,还是大刀长矛,还是冷兵器,以冷兵器去对热兵器,无疑死路一条。痛定思痛,清廷在一批汉大臣的主导下,在慈禧太后和恭亲王相对比较宽松的政治统治下,终于开始了向西方学习的历程。这就是历史上所说的洋务运动,或洋务新政,或同治中兴、同光中兴。

由军事工业起步的洋务新政使清廷尝到了学习西方的好处，洋务新政确实在很大程度上提升了中国的实力，这对于打败洪秀全太平军起到了很大作用。由此开始，清廷逐步有意识有计划将军事工业向民用工业扩展，有意识在比较宏观的视野向西方学习，创办同文馆，派遣留学生，很显然是希望将西洋文明比较全方位地引进中国。这无疑是中国人的一个重要觉醒。

中国人踏上向西方学习的道路确实很不容易了，决心也是很大的，然而当我们拿中国与同时代的日本相比，我们又看到中国洋务新政的西方化是远远不够的。日本人与中国面临的是同样问题，都是西方化的压力，但是日本人在较中国迟了七八年之后开始起步，他们上来就强调要学习西方，就要像过去千年学习中国一个样子，不学则已，要学就要彻底地学，完整地学，他们的口号是脱亚入欧，是要在远东建立一个西方意义的近代国家。一百多年后回望日本人与中国人同时代而不同的选择，我们不能不感慨日本明治维新那一代政治家的老道成熟与精明。

与日本人相比，中国人的洋务新政就显得太小儿科了。中国人在学习西方之始就强调只学人家的长处，不要人家的问题。问题是人家的问题是什么呢，谁来决定哪些是西方的长处，哪些是西方的问题呢？那时的中国人提出"中学为体，西学为用"，就是一厢情愿地相信中国自古以来圣贤相传的道德伦理观念，中国人两千年来所构建的政治体制，都是当时世界的最优选择，西方人优于东方优于中国的，只是他们的坚船利炮，只是他们的雕虫小技，所以，中国人学西方，不必像日本人那样尽弃其学而学焉，中国既然有深厚的文化底蕴，就坚守自己的底线，学人之长补己之短。

中体西用的口号，当然也不是上来就这样反动，这个口号在1860年代早期还是具有相当进步意义。这个口号其实是告诉那些比较顽固比较守旧的人，列位放心好了，我们向西方学习只是学习他们的长处，并不是要彻底西化，更不会去除我们的根。从这个意义上说，中体西用在其早期是有意义的。

孙中山对中国问题的分析

如果一定要说中体西用有什么问题的话，那就是这个口号随着时间的流逝而日趋反动，走向自己的反面，成为阻碍社会进步的障碍。

大约到了1870年代中晚期的时候，中国经济在适度宽松的政策下，已经获得了新的活力，洋务新政重点建设的军事工业军事工程也有了很大成效，在这个时候，主持朝政的恭亲王如果能够因势利导推动中国的政治改革，适度在社会及政治层面进行一些改革，中国的问题或许会有相当改善。然而，那时的恭亲王，还有其他洋务新政的领导人都太满足于经济的军事的成就了，他们认为这就是中国近代化的全部，中国只要将西方之用之末嫁接到中国之体之本，那一定是优势互补强强联合。结果，中国白白错过了一个非常重要的发展机遇，一个畸形的近代化差不多将中国带入一个死胡同。

经济的片面发展，使清廷有力量在1880年代创建一个比较强大的海军。如果从海权意识维护国家权力的目标说，构建一支强大的海军并不错，问题在于，清廷没有与强大军事力量相匹配的政治架构，即便在军事架构指挥系统上说，中国那时也没有多大长进，是一个拥有现代化武器的旧人,因而也就无法使这些现代化武器的功能充分发挥出来,而且遇到关键时刻,这些现代化的武器不是给帝国长脸而是跌份而是掉链子。

一个貌似强大的军队使清廷统治者产生了虚骄,一个不明所以的军事强大也使许多言官许多清流成了狭隘的爱国主义者,由此终于导致了一场不该发生的战争,一场局部的可控制的战争将中国打回原形。

自从中国被迫面对西方的压力后,中国确实有意识地调整了自己的政策,逐步向近代国家过渡,逐渐放弃了先前天朝上国的气派,逐渐接受了周边尚未真正融入中原帝国的那些族群走向独立。这对中国人来说,是一种不得已的选择,其实也是一种逃避,一种对责任的放弃。因为在几千年的历史上,中国文明从来就是滚雪球一样地将周边族群不断收容进来,现在因为西方的压力,中国就听任这些周边尚未完全开化的族群自生自灭,或受西方的宰割,其实就是放弃了中原帝国宗主国的责任。暹罗、越南、缅甸等南部西南部的这些族群在恋恋不舍中离开了中国,有的走上了独立,更多地则转投西方,甚至有的干脆沦为西方的殖民地。中国的南部屏障在短短几十年丧失殆尽,中国奉行另一种"光荣孤立",只将心思用在自己的强大上。

但是由于中国地理环境的制约,中国对周边藩属并不是一律放弃,比如东北亚的朝鲜半岛,由于比邻清廷的龙兴之地,而且距离政治心脏北京太近,清廷在对待朝鲜半岛问题从一开始就与对待南方藩属的情形不太一样。1880年代,当中国力量还不足以与觊觎朝鲜的日本人较量决战时,清廷在恭亲王、李鸿章等人主导下采取了妥协方针,适度容忍日本人对朝鲜问题插手。这一方面避免了局部战争影响清廷大局稳定和强国强兵的战略目标，另一方面其实也为朝鲜问题的复杂化埋下了伏笔。朝鲜原本就是与中国亲近的属国，中国如果从一开始拒绝日本对朝鲜问题的干预，不给日本留下任何想象的空间，中国继续承担朝鲜的安全保障，继续将朝鲜作为自己的属国看待，那么朝鲜问题就不会像后来那样恶化，一发不可收拾。

恭亲王、李鸿章功利主义实用主义外交不仅给日本人可乘之机，而且使朝鲜内部的反华势力逐渐坐大，逐渐与日本人结盟，于是到了1894年，中日之间因朝鲜问题开战成为势所必然，几十年的和平局面就此结束。

外交的失误还只是问题的一个方面，中日势必战场上论胜负决雌雄，也是因为先前几十年不明所以的经济成长与虚骄，言官们、清流们被自己编造的谎言所蒙蔽，它们根本分不清大清国的经济发展军事力量究竟到了如何的程度，外国人的力捧使他们信心满满，使他们真诚相信中日一旦开战，胜利就在挥手之间，号称世界第几、亚洲第一的北洋舰队就是他们讨论一切的基础，任何一个反对者确实都没有办法否定中国的强大，都无法阻止中国走向战争，一决雌雄。

从大历史的背景说，那时的中国确实陷入了一个发展的误区，如果没有一个局部的可控制的战争，中国经济成长军事强大的泡沫还要继续吹下去。甲午战争在不知不觉中终于戳穿了这个巨大的增长泡沫。中国在日本军队还没有怎样深入中国本土作战的情形下及时止损，《马关条约》虽然使中国付出了巨大代价，但清廷的政治威望并没有太多流失，中国的知识阶层甚至新知识阶层都没有因为这场战争抛弃清廷，大家反而因这场战争的失败同仇敌忾，发奋为雄，发誓帮助朝廷进行改革，学习敌国日本走上维新道路。这是时代思潮的主流。

主流之外当然有支流，这就是孙中山排满革命思想的发生，也就是中国革命的起源。

按照孙中山原先的构想，他好像并不是一开始就要反对满洲人，就要排满就要革命。他在留学期间确实接受了许多西方新思想，具有与传统中国士大夫不一样的政治情怀，但他毕竟还是中国人，所以在他从香港医学院毕业后，在他从事了一段时间专业后，孙中山还是想进入体制，因为在中国这种威权体制下，大约只有体制内最保险最有把握。

基于这种设想，孙中山在1894年春天起草了一份《上李鸿章书》。这份重要文献现在完整留存，我们可以从中看出孙中山的政治思想和改革主张并没有多少新奇的地方，或为老生常谈，或为政治常识，对李鸿章这样的大臣来说，孙中山的这些建议没有一点儿新鲜感。孙中山没有中国体制所需要的功名，他之所以写这份《上李鸿章书》，说实在的，也不是真有真知灼见要表达要建议，孙中山只是期望通过上书这种形式引起李鸿章的重视，能够出于同情出于礼贤下士而给他一个机会。

像孙中山这样偏锋取胜的年轻人在传统中国社会所在多有，不足为奇，同时代的康有为在没有获取功名之前也曾不止一次上书言事，寻找机会。康有为为此奋斗了好多年，终于获得了回报，而孙中山仅仅经过一次挫折，就改弦更张另起炉灶。孙中山的这个重要改变不仅重塑了自己的人生道路，而且深刻影响了中国历史的走向。

当孙中山携带郑观应等上海滩一批名流的引荐函于1894年抵达天津时，中日之间因为朝鲜而引发的紧张局势一触即发。李鸿章原本就是一个不希望发生战争的兵法高人，他之所以建设一支强大的北洋舰队，其实并不是要用这支舰队去打仗，而是作为一种威慑，一种制衡，是欲不战而屈人之兵，让敌人望而却步。现在由于中国先前几十年的增长和胡吹，中国人的浮躁暴露无遗了，隐忍了几十年的委屈被一个描绘的巨大泡沫刺激起来了，不愿再隐忍了，中日之间只能通过战争去解决问题了。在某种程度上说，中国当时其实也需要一场战争，一场局部的可控制的战争，否则国内激进的民族主义情绪无法安抚，不向外而是向内可能导致的结局更可怕。于是，朝廷责成李鸿章全权负责指挥这场战争，一个反战者做了自己最不愿意做的事。

战前的紧张是必然的，所以孙中山在天津逗留的那些日子根本没有机会见到李鸿章，更不要说李鸿章能够将他收到门下，或者拉进体制了。孙中山带着些微遗憾离开了天津，在周游了北部中国之后转身向东，跑到檀香山闹革命去了。现在可以比较有把握地说，孙中山在天津时并不知道中日之间的紧张局势，不知道中国当时处在什么样的形势中，那是因为中国一直消息比较闭塞，人们根本不清楚中国与外国的真实关系。但当孙中山重回檀香山之后，一个开放的社会环境和毫无限制的媒体环境使孙中山大吃一惊，中国军队在战场上节节败退一溃千里望风而逃更是震动了孙中山，联想早些日子在天津的观感，孙中山很快意识到中国的失败是必然的，因为现在的中国不是汉人的中国，现在中国统治者满洲贵族只是周边一个异族，非我族类，其心必异。所以在孙中山的政治概念中，中国已亡两百多年，满洲人入主中原，其实就是对中国的"殖民统治"。由此，孙中山萌发了排满思想，萌发了革命意识，他认为中国要想改变目前在国际上被动挨打局面，要想像其他国家一样在国际上享有地位和应有尊严，第一步就是要驱除鞑虏，将满洲人从中原赶出去，恢复中华，这是重建中国走向复兴的第一步。

革命是无法告别的

孙中山的排满革命思想与其在李鸿章那里受阻有一定的关系，但不是根本原因。根本原因还是因为清廷的政治腐败，历史给了清廷上百年的机会，但都被清廷不知不觉放弃了。中国没有踏准工业革命的节奏，没有在近代国家的建构上作出积极准备，三十年洋务新政只是造成了一种虚假的畸形繁荣，中国没有在政治体制、社会重建等方面做一点积极的工作，这是中国在甲午战争中失败的根本原因，也是孙中山排满思想革命思想得以发生的背景。从这个意义上说，孙中山在近代中国先知先觉者的角色定位是对的，确实是他第一个看到了中国问题的症结。

更重要的是，孙中山不仅是一个理想主义者，他不仅发现了问题，而且试图提出解决问题的办法，他的排满革命就是为中国寻找出路。孙中山还是一个行动家、宣传家，他认识到了这个问题的症结，他就按照自己的认识去落实去发动。1894年底他就在海外鼓动华侨参加革命，明确告诉他们革命的目的就是要将满洲人赶出中国，重建汉人的天下。第二年，孙中山就着手发动了一场武装起义，这虽然不可能从根本动摇清廷的政治根基，但毫无疑问，孙中山是在遵循孔子的教诲，知其不可为而为之。

在孙中山的鼓吹、行动影响下，意识到中国必须革命必须排满的人越来越多，参加革命追随革命的人也越来越多，革命的影响急剧扩大，自然引起清廷的关注。

按理说，孙中山排满革命的兴起，是体制外力量对体制的反抗和彻底失望，清廷如果是一个发愤图强看清未来的政府，那么面对这种反抗，其实应该反求诸己，应该反省自己的体制究竟出了什么问题，有哪些可以改进应该改进。然而，正如所有统治者一样，清廷面对孙中山这样的政治反抗尤其是武力反抗，本能的反应第一是镇压，第二还是镇压。统治者到了这个时候，都不明白早期儒家反复陈述的一个道理，即马上可以得天下，马上无法治天下。武力或许是夺取政权的工具，但武力绝对不是维护政权的利器。1896年，清廷在伦敦将孙中山秘密绑架，弄巧成拙，这个国际事件将孙中山一个名不见经传的造反者塑造成了世界级政治领袖。孙中山虽然在此后岁月中长时期流亡海外，有家不能回，有国归不得，表面上看这对孙中山是一种折磨和摧残，其实际后果则是帮助孙中山扩大了革命的影响力，几年后，孙中山和他的革命党，名正言顺成为中国政治格局中一股不容忽视的力量。

  对于庞大的清帝国来说，孙中山领导的武装革命当然不可能很快从根本上威胁帝国的安全，革命在其时的真正意义是促动了清廷的变革，并为这种变革提供了一个持续不断的外部推动力。在此后十年，只要清廷的自改革有懈怠迹象，革命就凸显，革命与清廷的改良成了跷跷板的两端，这才是革命在那个时代的真正意义。

  实事求是地说，清廷在甲午战争失败后很快就意识到了改革的必要性，《马关条约》签订后很快就进入了一个维新时代，这就是历史上所说的维新运动。从维新运动这个名字就可以看出，清廷的目的是期待向日本明治维新学习，进行体制改革，在深度与广度上肯定与先前几十年的中体西用不一样了。

  清廷主导的维新运动在1895年后确实做了不少事情，政治上的言论空间打开了，新的社会团体、新的传播工具如同雨后春笋一样全面开花健康成长，一代新知识分子也就在这样的环境中不知不觉形成，这为后来的政治变动社会发展提供了助力；在经济上，清廷根据《马关条约》的约定，几乎全面放开对国际资本的管制与限制，国际资本潮水般地涌入中国，全面开花，铁路修筑从无到有，也就几年时间，中国就利用国际资本构建了一直影响到现在的基本路网。在矿产资源开采方面，清廷也对外资全面放开，各地的矿产资源利用国际资本和国际技术广泛兴建，许多影响深远的大型煤矿、铁厂及各种特色资源的矿产，都在这个时候被发现被利用，中国经济不仅出现一个先前几十年洋务新政不曾有的规模，更重要的是，维新时代的经济增长是一种健康的增长，经济增长主要在重工业和制造业。

维新运动打开了中国与国际交往的空间和渠道，客观上，中国在那几年与各国重建了一种比较和谐的近代国家关系，政治的经济的文化的往来都为中国的全面发展提供了保障和机会。但随着经济交往的扩大，列强需要在中国征用土地修建港口，以便他们的货船以及保护货船的军舰能够得到及时维护，海员能够有一个休整的地方，由此发生了胶州湾事件，德国人在协商未果的情形下强占了胶州湾，要求租借一百年。

胶州湾事件的由来并不蕴含主权流失问题，但由于这件事情牵涉列强之间的利益纷争，随着各国按照利益均沾原则纷纷要求租借港口和土地，于是激起1898年急剧的政治变革。

1898年急剧的政治变动是维新运动的延续和高潮，也是维新运动的终结，不顾急剧的政治变动及各方面的反对，维新派竟然不知妥协不知天高地厚异想天开筹划兵变扩大光绪帝的权力，结果使这场原本具有希望的政治变革瞬间毁灭。新知识阶层对此深表失望，而列强也对清廷的解释不再信任，中外之间的互不信任加剧终于引发了1900年的义和团运动。

及至《辛丑条约》签订，在列强建议和压力下，清廷重启政治改革，至1903年，这次新政在地方自治、司法改革、教育发展等方面取得了相当成就，人民逐步淡忘清廷几年前对政治改革的压抑，重新燃起政治改革的热情，中国的政治改革面临新的机遇。

然而到了这个时候，清廷的政治改革其实又遇到了一个瓶颈，下一步往哪儿走，清廷自身也处在困惑与焦虑中。一部分人主张中国应该大刀阔斧像日本那样实行君主立宪，一个有限责任的政府和一个半御用半民选的议会，一定会对政治改良有帮助；而另一部分认为，中国问题的关键不在君主的权力过大，而是地方诸侯的权力严重削弱了中央的及皇帝的权力，中国的未来不是将君主的权力过分分散，而是应该像俄罗斯那样加强中央集权，重建一个强有力的中央政府，君主享有至上权威，这样就能尽早带领中国踏上世界一流强国的道路。

就理论而言，正反两方的争论都有道理，都有政治学的基础，只是第二年即1904年的日俄战争给了中国一个正面的极大教训，"小日本"战胜了"大俄国"，所有争论随之烟消云散，君主立宪成为中国政治改革的唯一选项，经过1905年五大臣出洋考察，至1906年清廷正式宣布，中国终于在政治改革方面找到了一条大致合乎国情的道路。由此既凝聚了国人共识，也使孙中山领导的革命运动在经历了1905年高潮之后迅速陷入困境，革命的希望日趋渺茫，国家极有可能走上君主立宪的道路。所以在那前后发生吴樾舍身炸五大臣、徐锡麟舍身刺杀安徽巡抚恩铭，以及同盟会内部纷争及分裂等问题，这些问题的大背景就是中国踏上了一条新路。

1908年，清廷颁布《钦定宪法大纲》，制定了君主立宪路线图。稍后，清廷虽然发生两宫相继突然死亡的大变故，但政治变革的既定安排并没有因此而中断，君主立宪依然在比较健康的轨道上前进，革命也就在这种情形下日趋落寞，1911年春天发生的黄花岗起义，与其说是革命高潮的到来，不如说是中国在向革命告别。一旦中国进入一个君主立宪的国家，革命或许一点希望都没有了，所以孙中山、黄兴等领袖好好筹划了这次起义，但依然失败，他们也就心灰意冷，在失败之后各奔东西，听天由命去了。

天无绝人之路，革命也是如此。黄花岗起义失败后一个多月，清廷宣布了第一届责任内阁名单，引起轩然大波；紧接着，清廷又宣布铁路干线国有，更是激起全国范围的反抗。原本毫无希望的革命因清廷的错误起死回生，重新活跃。及至10月10日湖北新军武昌首举义旗，革命再次成为中国人的一个重要选择。

武昌起义后，清廷并非没有回旋余地，湖北军政府也并非一定要推翻清廷，重建国家。只是清廷重犯过去的错误，对自身问题没有丝毫反省，一味相信武力相信镇压。无奈这一次并非孙中山革命党人单方面起义，而是革命党、新军及立宪党人的全面联合，甚至有整个民族觉醒联合的意思，因此到了滦州兵谏发生，清廷发布《宪法重大信条十九条》以平息动荡，几乎全面接受了自5月宣布第一届责任内阁名单之后所不曾答应不愿答应的条件。可惜的是，此一时彼一时，清廷如果在一个多月前答应这些条件的一半，机会都有，现在全部答应了，也未必有机会。这就是机不可失时不再来的真实意思。只有经过了这样的痛苦经历，清廷主政者、满洲贵族才知道时不我待的意义。

从皇室立场和利益说，《重大信条十九条》代表的不是一般意义上的君主立宪，而简直就是将君主弄成了一个端拱无为的虚君。这究竟在多大程度上符合1908年《钦定宪法大纲》的精神不必说了，但尽管这样，皇室并不再刻意反对，因为保全一家一姓的大清帝国，保全爱新觉罗家族万世不替，即便是名义上的，也是极有意义的，甚至也是当时比较合乎中国国情，是各方力量最容易接受的。然而，皇室同意，并不意味着满洲贵族统治集团都同意，这个时候，皇室之外的满洲贵族统治集团与皇室的利益似乎并不一致，似乎还存在着某种程度上的冲突。

按照《重大信条十九条》的制度设计，除了皇室享有名义上的至上地位外，皇族、满洲贵族都不能再像过去那样在国家政治生活中享有特权，他们可以和一般百姓同台竞争，可以从政，可以经商，当然也可以做官，只是不再享有特权，没有办法利用皇族贵族身份，更不可能享有从事政治的天然优先权，新的政治形态不会刻意排斥皇族、贵族从事政治，但其政治起点及晋升步履与平民无异。这大概就是尽管皇室同意了虚君立宪，尽管南北和谈也谈出了大致线索，但南北和谈的协议无法执行，虚君立宪的希望实际上因满洲贵族统治集团的反对而成为一纸空文。清廷究竟以什么样的方式继续存在，成了各方争执的焦点，最后还是革命占了上风，只有走上共和，才能结束南北纷争，才能重建统一与和平。这就是革命的意义，也就是为什么说"革命是无法告别的"根本原因。

民国建立：中国版的"光荣革命"

最近一再有学者强调中国没有相互妥协的政治传统，因而近代中国无法走上民主政治。但从历史的观点看，绝对的不妥协可能并不是中国的传统，妥协、见好就收、退一步海阔天空，可能才是中国最久远的传统。君不见，历史上的所谓"禅让"频繁上演，这里面或许存在不得已、做作的成分，但从思想史的意义上说，这恰恰是中国正统思想乐于提倡的价值观，而不是鼓励人们拼死相争，鱼死网破。为苍生社稷计，该出手时则出手，该收手时则收手。谨以民国创建为例。

清廷为什么不妥协

中华民国的起点，为1911年武昌起义。由武昌起义继续演化，至1912年2月清帝退位，中华民国建立。这是当时各方政治势力相互妥协的结果。没有妥协，清帝不会退位；没有妥协，革命的烈火不会自动熄灭。清廷的妥协、退让，拯救了爱新觉罗家族，大清帝国的君主没有像路易十六、沙皇尼古拉二世那样被送上断头台，其家人、满洲贵族，也没有像法国大革命、俄国十月革命中的皇室、贵族那样悲惨，被处死，被整肃，被清算。妥协，为中国赢得了未来，也为爱新觉罗家族，为大清王朝赢得了尊严。中国人的智慧、理性让原本血腥的革命以妥协结束，理论上的共赢在中国的政治实践中变成了现实。这是中国文明的胜利，值得中国人骄傲，是中国版的"光荣革命"。

当然，清廷并不是从一开始就妥协、退让，就没有原则。作为一个拥有两百六十八年历史的大帝国，清廷有自己的原则、底线，知道天命攸归，人心所向，知道适可而止，适时而退，仅此而已。我们今天可以对清廷的适时退让表示敬佩，这个举动毕竟让中国避免了一场改朝换代的兵燹，避免了生灵涂炭、遍地烽烟。但是另一方面，通过对武昌起义后南北谈判进程的重新检讨，依然可以从中获取某些难得的教训。

所谓武昌起义，就是湖北新军将士不满清廷倒行逆施，起而抗争，也就是历朝历代最常见的军人"哗变"。只是过去的哗变，多有具体的诉求，或物质，或加饷，而这一次，新军"哗变"只为政治，为清廷违背宪政承诺，任命了一个"皇族内阁"，而这个"皇族内阁"又推出一个严重侵害了民族资本利益的"铁路干线国有化"的政策。这个政策引起湖南、湖北、广东、四川等地抗议，但清廷对"皇族内阁""铁路干线国有化"政策均无废止，或调整的意愿，我行我素，不愿妥协，听任各地抗争此伏彼起，直至四川总督府门前流血，数十人死亡，清廷依然不愿退让，这是湖北新军发难的根本原因。

短短一夜，义军就占领了武昌。义军首领迅即邀请省咨议局议长汤化龙出面，与新军首领黎元洪一起成立湖北军政府，拉开与清廷决一死战的架势。

面对武昌突变，清廷并没有迅速意识到问题的严重性，主政者的本能反应，就是启动危机程序强行镇压。然而，此一时彼一时，清廷违背宪政承诺的倒行逆施得罪的不仅是湖北新军，10月22日，湖南新军、陕西新军遥相呼应，相继宣布光复长沙、占领西安。23日，江西新军宣布光复九江。

数省新军起义，并没有改变清廷既定方针，因为各省新军用今天的话说，不过是"地方部队"，并非国防军，力量有限，而大清王朝的支柱在北洋。只要北洋六镇不动，各省新军无论怎样折腾，都很难撼动清政府的统治基础。面对这些压力，清廷10月26日宣布将盛宣怀"革职永不叙用"，用盛宣怀充作"铁路干线国有化"政策的替罪羊。27日，起用开缺回籍养病的袁世凯为湖广总督，负责湖北"剿抚事宜"，依然不愿与新军进行谈判，依然期待武力镇压。

各省新军起义原本只是"体制内抗争"，清廷的不妥协，渐渐引来了体制外反对者，黄兴、宋教仁等流亡海外的革命党人相继归来，前往武昌襄助黎元洪军政府，清廷所面临的形势更趋复杂。

清廷不愿妥协的底气在北洋六镇不动。反过来说，只要北洋六镇有变，清廷的既定方针也就必然会变。大清王朝的柱石确实具有非凡的魔力，只是清廷在过去十几年的军事变革中，太过于忽略了"军队国家化"的变革，实力雄厚的北洋六镇，既可以为大清王朝的宪政改革保驾护航，也可以摇身一变成为颠覆大清王朝的杀手。

在晚清十几年的政治改革进程中，客观说，清军一直是政治变革的推动者，他们具有忠君爱国的情怀，期待大清通过改革与东西洋各国一样强大，受世界尊重。他们是政治变革的推动者，因而他们眼里就容不得沙子，对清廷反改革的倒行逆施必然寻找机会予以反对。这是晚清政治变革中的一个值得注意的悖论。

清廷对北洋六镇的自信终于被事实所粉碎。10月29日，驻扎在滦州的北洋六镇将领张绍曾、蓝天蔚等发动兵谏，电请朝廷立即实行立宪，并奏政纲十二条，其大要为：

一、于本年内召集国会；二、改定宪法，由国会起草议决，由皇上宣布；三、国事犯一律特赦擢用；四、重组责任内阁，总理大臣由国会公举，皇族永远不得充任内阁总理及国务大臣；六、重组军队，由皇帝统率海陆军，但对内用兵，必经国会议决。①

滦州兵谏是清廷政策转捩点，执政者终于醒悟。同一天（10月29日），资政院奏请罢黜"亲贵内阁"，不再以亲贵充国务大臣，重组"完全责任"政府以维持危局，团结将散之人心，"以符合宪政而立国本"②，将宪法提交他们"协赞"。第二天（10月30日），清廷以小皇帝的名义下诏罪己，承认即位三载，用人无方，施政寡术，政地多用亲贵，则显戾宪章；路事蒙于敛衽，则动违舆论。

---

① 《宣统三年九月十三日陆军第二十镇统制张绍曾奏折》附《政纲十二条》，《中国近代史资料丛刊·辛亥革命》第四册，96页，上海人民出版社、上海书店出版社，2000年。

② 《侯简贤得人即组织完全内阁不再以亲贵充国务大臣谕》，《清末筹备立宪档案史料》，597页。

清廷发誓,认真悔过,从头开始,咸与维新,实行宪政;开放党禁,赦免一切政治犯;改组资政院,解散内阁,公举内阁总理,重建责任政府。

清廷的政治让步空前巨大,修订后的宪法条文迅即提交资政院审议。11月3日,清廷颁布《宪法十九信条》作为完全立宪前的临时宪法,以最大诚意回应立宪党人、新军将领的呼吁。"十九信条"确认大清为君主立宪体制,皇统万世不易,皇帝神圣不可侵犯,但皇帝之权以宪法规定者为限;内阁总理大臣由国会公举,皇帝任命;其他国务大臣由总理推举,皇帝任命;"十九信条"明确规定皇族不得为总理大臣及其他国务大臣并各省行政长官。很显然,这一条款是对皇族内阁引发政治危机最直接、最明白,也是最善意的回应。

根据"十九信条",清廷任命深孚众望("非袁莫属")的袁世凯接替庆亲王奕劻出任内阁总理大臣,并授权袁世凯全权筹组新的责任内阁。11月13日,袁世凯抵京。16日,一个真正意义上的责任内阁宣布组成,梁敦彦、赵秉钧、严修、唐景崇、王士珍、萨镇冰、沈家本、张謇、杨士琦、达寿分任外务、民政、度支等各部大臣。这些人差不多都是袁世凯多年的朋友,志同道合,共事有年,属于现代政治的组阁体制。这些人选,也是当时中国皇族、满洲贵族系统之外最具专业色彩的人才,他们在各自领域耕耘已久,极富声望,因而又属于现代政治中的政治专家。

袁世凯内阁名单发布大致化解了半年以来的政治危机,给国内外以新的希望。对袁世凯怀有十分友好感情与敬意的英国政府对新内阁极为期待,希望看到"一个足够强有力的政府出现,这个政府应该不偏不倚地同各国政府打交道,并且能够维持国内秩序和作为革命成果之一而在中国建立起来的对贸易发展有利的环境"①。

清廷的让步使中国重回宪政改革的正确轨道有了可能,袁世凯内阁的成立使真正意义的宪政改革实现了第一步。宪政改革的第二步,也是最后一步,就是召集国会。然而就在这一点上,各方面无法取得共识,遂使君主立宪改革在中国功亏一篑。

11月15日,袁世凯当面对英国公使朱尔典说:黎元洪坚持要除掉清王朝,并拒绝了他(袁世凯)所有的提议。建立共和国的方案在上海和南方其他革命中心获得了支持;但在北方,民情则倾向君主立宪政体,而且正是他(袁世凯)打算领导的党派主张这后一种政制。由于国家的民意已经不再由资政院所代表,他(袁世凯)计划将他的方案提请能代表各省的国民会议认可,而召集这样一个会议是他(袁世凯)的意图,地点将定在上海或天津。袁认为,如果他能够整合北方各省认同他的政策方针,就有可能形成一个政府的中心,依靠这个中心,南方终将或者被争取过来,或者被武力所克复。②

直至12月22日,袁世凯依然坚持君主立宪体制不可动摇,他深信共和只会导致国家的分裂和毁灭。他期望保持国家的完整,"他认为一个有限的君主制是唯一能够确保国家完整的政体"。③

袁世凯的看法在其时是对的,后来的历史发展也证明满洲人领

---

① 李丹阳译:《英国外交大臣葛雷致英国驻华公使朱尔典电》,《档案与史学》2004年第3期。

② 李丹阳译:《英国驻华公使朱尔典致英国外交大臣葛雷电》,《档案与史学》2004年第3期。

③ 李丹阳译:《英国驻华公使朱尔典致英国外交大臣葛雷电》(1911年12月22日),《档案与史学》2004年第3期。

导的大清王朝并不仅仅限于朱明王朝疆域,要让清王朝的全部疆域还能完整无损地保存下去,唯一的出路就是保留"一个有限的君主制"。可惜的是,南方革命党人迅即在南京成立了一个临时政府,这个新政府与新军将领均没有充分意识到这一点,而北方的立宪党人、满洲贵族或许清醒地意识到了这一点,因而满洲贵族在未来的政治架构上并不愿意过多让步。

长时期的僵持让中国的经济不堪重负,各国政府基于在华利益也无法默许无政府情形无限期延续。1912年1月19日,清政府驻俄公使陆徵祥联合驻外各使电请清帝退位。26日,大清国会办剿抚事宜第一军总统官段祺瑞率清军将领姜桂题、张勋、何宗莲、段芝贵、倪嗣冲、王占元、曹锟等四十六人联名致电清廷,痛陈利害,恳请立定共和政体,以巩皇位而奠大局,明降谕旨,宣示中外。①

民国是"谈出来"的

历史上,军队是靠不住的。军队只是国家机器中的一个螺丝钉,是工具,统治者如果想让工具介入国内政治,那么军队就是一把锋利的双刃剑:听统治者的话,所向无敌,风卷残云;一旦反水,阵前倒戈,那么统治者就只好自己认输认罚。

在段祺瑞呼吁书上签名的,囊括了清军几乎所有将领,这就将

---

① 《宣统三年十二月初八日会办剿抚事宜第一军总统官段祺瑞等致内阁请代奏电》,《辛亥革命》第八册,174页。

清廷逼到了一个死角，打吧，那些八旗弟子早就被长期执政下的优越环境给腐化掉了，早已没有努尔哈赤时代的英气和智慧，王公贵族除了吃喝玩乐没有几个懂政治懂军事，更没有几个能够上马提枪为皇上卖命。一个存在了两百多年的大清王朝成了任人宰割的羔羊，作为这么一个庞大帝国的当家人，隆裕皇太后大约不是因为幼主太小，估计连死的心都有。两百多年的统治怎么就养了这些无用的人呢，怎么突然发现稍微能干的大臣，都是汉人呢？可惜这一切觉醒都来得太晚了。大清国的终结只剩下一个程序了。

大约1月26日，与袁世凯关系密切的杨度在北京发起成立"共和促进会"，这对一直主张君宪主义的杨度来说是一个重大转变，标志着他已从君宪主义向民主共和主义转变，这当然也在某种程度上预示着袁世凯在转变，整个中国恐怕都在发生巨大的转变。杨度强调不能以党见之私致瓜分之祸，先前大家主张君主立宪是以救国为前提，而不是以保存君主地位为唯一目的，是以保存君主地位为手段推动政治改革，而绝不愿以杀人流血去保留君主的地位。现在的中国已错过君主立宪的良机，南方革命党武装起义，就意味着君主立宪走到了绝境，南北分裂，国将不国，要想拯救中国，保全中国，保全皇室，唯一出路就是接受南方的条件，走向共和。舍此，南北并败，满汉俱亡。①

杨度等文人发言只是在讲一个道理，这个道理或许还不足打动清廷特别是那些顽固派、保守派，他们或许内心深处还存在着某种侥幸。然而，段祺瑞的北洋系再次向朝廷展示肌肉，告诉朝廷不要

---

① 《与薛大可等发起共和促进会宣言书》，《杨度集》，543页，长沙：湖南人民出版社，1986年。

再存在什么其他的幻想。段祺瑞的全权代表吴光新、徐树铮等与湖北军政府代表孙武等密切磋商,双方达成妥协,如果朝廷不能在旧历年之前即2月17日之前转向共和,那么段祺瑞的北洋军将挥师北上,直捣龙庭,而湖北军政府和南京的中华民国临时政府将作为后援予以支持。孙中山、黎元洪等南方领导人都同意这个方案,承诺支持段祺瑞和北洋新军走向光明投诚反正,决不会在段祺瑞军队挥戈北上时袭击后方。于是,清廷终结的时间表从这时开始倒计时,辛亥年的事情一定要在辛亥年结束,满打满算也就只有半个月的时间了。

南方的武力威胁当然也不是说到就到,鉴于当时的特殊困难,清廷当然也知道南方民军力量并不是想象的那么大,再加上时值冬季,南方人真的打到北方也不是那么容易,所以朝廷在获悉段祺瑞与黎元洪、孙中山等人合作的消息后,不是立马宣布安排善后,而是由隆裕皇太后于2月1日主持召集近支王公及国务大臣御前会议,讨论的结果是准备采用虚君共和政体,并筹商宣布召开国会、颁发君主不得干预国政诏旨等事宜,以保留君主地位的虚君共和政体应对南方及部分清军将领所要求的完全共和。这个主张当然有点儿一厢情愿的味道了。

清廷的拖延主要还是因为朝廷内部特别王公贵族实在不愿就此罢手,不愿就此丢弃两百多年的江山,然而各方面的压力、不满也使朝廷招架不住,所以到了2月3日,朝廷发布隆裕皇太后懿旨,对两天前的决定再作让步,表示现在时局阽危,四民失业,朝廷亦何忍因一姓之尊荣,贻万民以实祸。惟是宗庙陵寝,关系重要,以及皇室之优待,皇室之安全,八旗之生计,蒙古回藏之待遇等,均应豫为筹画,所以耽搁了一些时间,现在责成袁世凯以全权研究一切办法，先行与民军商酌条件，奏明请旨。①这又将皮球踢到了袁世凯的脚下。

说实话，开创一个王朝不容易，结束一个王朝也很难。袁世凯在接到皇太后懿旨后，当天（2月3日）迅即与南方总代表伍廷芳取得联系，并按照先前数次谈判结果，提出一个综合性的清帝退位条件：甲，关于大清皇帝优礼之条件九款；乙，关于皇族待遇之条件四款；丙，关于满蒙回藏各族待遇之条件七款。

伍廷芳在上海收到这些文件后，于4日下午会同袁世凯特别代表唐绍仪及汪精卫前往南京向孙中山做了汇报。当天晚上，孙中山召集中华民国临时政府各部总、次长在总统府讨论。第二天（5日）上午，南京临时参议院开议孙中山交议的优待清室各条件，孙中山委派胡汉民、伍廷芳及汪精卫到会说明。参议院对这些条款逐条讨论，将《关于大清皇帝优礼之条件》改作《关于清帝逊位后优待之条件》，并对原案中尊号、岁费、住地、陵寝、崇陵工程、宫中执事人员、清帝财产、禁卫军等项作了修改，删去第八款"大清皇帝有大典礼，国民得以称庆"。会议否决了丙案，以为关于满蒙回藏之待遇，实为民国五族共和应有之义，与优待清帝无涉。

临时参议院会议第二天（2月6日），南方议和总代表伍廷芳将这个修正案电告袁世凯。袁世凯在收到这份电报后，立即委派梁士诒携带这些文件进宫觐见隆裕太后，请旨验准。隆裕太后依然坚持应该保留"大清皇帝尊号相承不替"等三项条件。

退出后，梁士诒遂将隆裕皇太后的意思向袁世凯作了转达，大约也劝袁世凯还是想办法说服南方接受这些面子上的条件，反正

---

① 《宣统政纪》卷七十，台北：文海出版社，1986年。

清廷决定退位了，这些枝节末叶也没有什么大不了的了。

梁士诒的建议无疑是一个比较厚道的主意，这个主意也就很容易被袁世凯所接受。袁世凯按照这个意思迅即密电唐绍仪，嘱他务必劝说伍廷芳和南方革命党人不要在这些枝节末叶上节外生枝，对清廷能让一步就让一步，强调"大清皇帝尊号相承不替"这个提法万难更改，并按照皇太后的意思，建议将文件中的"逊位"二字改为"致政"或"辞政"。袁世凯诚惶诚恐真诚希望伍廷芳和南方革命党人能够从大局出发予以理解，在不影响大原则的前提下尽量满足清廷的要求，尽早结束南北纷争，结束战乱。

一个共赢的妥协方案

对于大清王朝的尊重，其实也是尊重历史的一部分。不管怎么说，清廷在这个历史关键时期，因为隆裕皇太后深明大义，制止皇族中的强硬派，接受了和平方案，现在如果对清廷的历史彻底否定或者给予羞辱，那么真正感到高兴的恐怕只有一直被主流社会排除在外的革命党人，即便那些投诚反正的立宪党人、新军将领也难以接受。

在袁世凯与伍廷芳密商的同一天（2月8日），冯国璋、段祺瑞等北洋军将领六十四人联名致电伍廷芳，表示优待清室条件中的"大清皇帝尊号相承不替"应请仍照朝廷提供的原文不要更改，"逊位"这样带有刺激性的词语无论如何都不能出现在正式文件中，否则很难说服军界同仁，大家都是历史的过来人，只有尊重历史，才能说服同仁。

军人一旦干政，就是力量巨大。你可以说是南京临时政府对北洋军人愤怒的善意回应，也可以说是南方革命党人对北洋军人的屈服和顺从，不管怎么说，冯国璋、段祺瑞等军界将领的建议得到了南京革命党人的极端重视，所有条款都按照袁世凯、梁士诒、冯国璋、段祺瑞等人的建议予以恢复和保留，最具刺激的字眼"逊位"改为"辞位"。这也算是北洋老将对清廷旧主子的最后一次回报一次效忠。

2月9日，伍廷芳代表南京临时政府将清帝退位条件最后修正案电达袁世凯，紧接着，唐绍仪和张謇也相继发来两份加急电报。唐绍仪的电报强调南方独立十四省军民以生命财产力争数月，其实目标就在一个"位"字，因此他请求袁世凯务必说服清廷接受"辞位"这个措辞，并及时发表。否则，如稍不忍，南方不满，转生大乱，一切谈判得来的东西再成泡影，得不偿失。唐绍仪还在电报结束处表示，他个人已经言尽意竭，因此他请求袁世凯只能这样做，不要再为这个事情给他打电报发指示。

张謇在电报中也说南方最后修正案中之所以同意那种种优待条款，主要是因为条款中有了"辞位"二字。这两个字的代价不可估量，这是南方革命党人同意妥协的前提和根本。张謇恳请袁世凯想尽一切办法务必说服清廷接受这个措辞，否则，迁延两误，败破大局，战火重开，一切从头开始，追悔无及。

唐绍仪、张謇等人的警示无疑是严肃的。袁世凯遂于2月10日召集内阁各部大臣及近支王公会议进行讨论，他向各位详细介绍了南方的意见，并表明自己的妥协立场，以为在能让则让的原则下接受和平，这对朝廷对国家都有利。会议经过慎重讨论，还算比较顺利地接受了南方的这个最后修正案。并在第二天（11日），获得了隆裕皇太后的认可。

隆裕皇太后对优待条件的认可扫清了和平道路上的一切障碍。袁世凯立即将朝廷的决定及待颁清帝退位诏旨电达唐绍仪、伍廷芳并转孙中山、黎元洪及南京临时政府,又致电南京临时政府,承认共和为最良国体,以为大清皇帝既明诏逊位,且经世凯署名,则宣布之日即为帝政之终局,即为民国之始基。我同胞从此努力进行,务令达到圆满地位,永不使君主政体再行于中国。

第二天,也就是1912年2月12日,隆裕太后忍痛连发三道诏书:一为清帝退位诏,二为公布优待条例诏,三是劝谕臣民诏。在这些文件中,隆裕太后表示现在全国人民的心理多倾向共和,人心所向,天命可知,因此朝廷不忍以一姓之尊荣,拂兆民之好恶,所以根据国内外大势判断,做出这个艰难的决定,特率皇帝将统治权公诸全国,定为共和立宪国体。袁世凯前经资政院选举为总理大臣,当兹新旧代谢之际,宜有南北统一之方,即由袁世凯以全权组织临时共和政府,与民军协商统一办法。总期人民安堵,海宇乂安,仍合满汉蒙回藏五族完全领土为一大中华民国,我和皇帝得以退处宽闲,悠游岁月,长受国民之优礼,亲见郅治之告成,岂不是一件令人高兴的事情吗?①

至此,在中国五千年历史上显赫二百六十八年的大清王朝正式终结。连带所及,中国历史上几千年的帝制,也从此成为历史陈迹。这一天为辛亥年十二月二十五日,距段祺瑞等北洋将领给出的最后期限还提前了五天。

辛亥革命之所以能够从一个武装暴动转化为一场和平的权力交

---

① 《宣统三年十二月二十五日懿旨》,《辛亥革命》第八册,183页。

接，不能不说是当时各大政治势力以大局为重，以国家民族的根本利益为重所寻求的一个共赢的方案。清廷、清政府、革命党、立宪党人和袁世凯以及他的那些北洋将领，各方政治势力不论拥有怎样的力量，他们都没有在这场大危机中执意诉诸武力，而是坚持谈判，各自让步，从民族大义、国家前途着眼，退一步海阔天空。各方政治势力在坚持原则的基础上尽量体会对方的感觉，尽量多地牺牲自己，满足对方，他们的目的就是要阻止战争爆发或延续，使亿万无辜国民不受战火侵袭骚扰，将政治交给政治家。这里不仅有孙中山的襟怀坦白、大公无私、光明磊落，也有其时袁世凯的勇于担当、郑重承诺。

更值得感念的是，隆裕皇太后和她的执政团队满洲贵族集团在关键时刻深明大义，以人民安危、国家前途、历史定位，作为自己的最大利益，并没有在最后时刻鱼死网破，焦土抗战，摧毁国家，而是接受现实，坦然让步，表现出一个王朝本有的潇洒和智慧。后世中国人应该将这些和平的权力转移历史过程铭记心头，以温情和敬意去看待一个王朝一个帝国的消失。

谁都知道，辛亥革命是在刻意模仿一百多年前的法国大革命，就是要推翻皇权，实现民权。法国大革命经过无数波折，血流成河。而1911年发生在中国的大革命，却从战争走上了和平，不战而屈人之兵。这就是中国人的大智慧，是中国版的"光荣革命"。

辛亥革命、民国建立，值得中国人永远感念，更值得中国人好好总结。中国政治有很好的妥协、协商，相互让步，相互容忍的传统。就像国家与国家一样，政治家也是如此，没有永远的敌人，也没有永远的朋友。政治发展主要凭借天时、地利与人和，该出手时则出手，该妥协时则妥协。退一步海阔天空，退一步就为历史发展赢来了几大步。

妥协、双赢、共赢,是人类文明的宝贵财富。民国创建的实践极大丰富了这所宝库,成为人类历史上不战的典范,体现了中国文明极为丰富的内涵。

一战与中国:一个历史节点

1914年6月28日,塞尔维亚国庆。奥匈帝国皇储斐迪南大公夫妇前往波斯尼亚首府萨拉热窝视察。在拥挤的大街上,斐迪南大公夫妇兴致勃勃向欢迎人群招手致意,突然一阵骚乱,斐迪南大公夫妇被枪杀毙命。事后查明,凶手为塞尔维亚青年加夫里若·普林西普。

蝴蝶效应:中日不同反应

萨拉热窝与中国远隔千山万水,然而这一枪极其深刻影响了中国历史进程。

7月28日,奥匈帝国出兵塞尔维亚,为斐迪南大公夫妇复仇,揭开第一次世界大战序幕。

奥匈背后有德国，塞尔维亚背后是俄国。7月30日，俄国出兵援助塞尔维亚。8月1日，德国向俄国宣战，并警告法国保持中立，不得选边。法国当即拒绝，德国立即向法国宣战，并迅速侵入中立国比利时。比利时是英国的安全屏障，德国入侵，损害了英国的利益，英国不得已卷入战争，对德以及奥匈宣战。

这场混战与东方并没有关联，但日本自从甲午以来相继打败中俄两个大国，自以为跻身于世界强国俱乐部，格外热衷于国际事务。

日本与英国有同盟关系，英国参战后照会日本：假如战争波及远东，务请协助英国保护威海、香港。日本迅即表示一定会采取必要措施。

英德两国在远东都有巨大利益，英国不仅占有香港，而且租借了威海卫；德国租借胶州湾，也就是后来的青岛，其经济影响力遍及山东及华北。英德战争肯定会在中国打响，中国会怎样应对？

中国与交战各国都有关系，不坏，也不是铁杆，因而中国的选择是洁身自好，置之度外。8月3日，外交部发布一个通告，强调交战各国不得在中国领土领海及租借地交战。紧接着，公布"局外中立条规"，切盼尚未加入战团的美国、日本两国能出面劝告交战各国不要将战火引向远东。

和平期待固然不错，但中国要想置身事外，绝对不是一句空洞声明能达到。美国没有声明，但两次世界大战，战火都没有燃烧到美洲。实力让美国令人敬畏。出于自身利益考量，美国支持中国，赞同租界、租借地中立。

而日本则不然。日本拒绝中国限制战区的建议，迅即接受英国邀请，派遣军舰至青岛附近海面游弋，欲配合英军歼灭德国在远东的军事力量。

选边就是选边，参战就是参战，外交与内政无论如何不能搅在一起。中国可以不参战，不选边；也可以参战，可以选边。但做这样的决断时，一定要以国家利益至上，政党、派系利益不应在外交事务中提及。让人大跌眼镜的是，8月9日，外交次长曹汝霖竟然面告日使小幡西吉，假如日本政府能对流亡东京的"乱党"首领孙文等断然处置，予以驱逐，那么中国可以允许日军在青岛登陆。中国政府此类做法，并不是第一次，也不是最后一次。当日军后来侵入莱州时，外交总长陆宗舆依然利用日人急于寻求中国帮助的心情，要求日本放逐居留日本的革命党人，用国家主权换取对政治对手的迫害。这样包藏政治私心的对外交涉如何不被对手牵制？

日本参战，除了履行英日同盟责任，主要还是要扩大在中国的权益。日本政治家清晰地看到西方的混乱不会很快结束，这正是日本在亚洲扩张的最好时机。8月15日，日本向德国发出最后通牒，要求德国在中日两国海面上的军舰一律撤退或解除武装，并要求德国在9月15日前将青岛无条件交给日本，"以备将来交还中国"。

日德交涉关涉中国权益，日本在提交最后通牒时，也曾向驻日公使提交副本，外相加藤高明面告中国公使：日本并没有占领中国土地的野心，中国既守中立，自无参战之理。如中国自生内乱不能自平时，日本将和英国一起帮助中国平息动荡，维持远东和平。日本的说辞，具有极大诱惑力，这也是中国后来致误的原因之一。

德国在接获日本最后通牒后曾与中国联系。过去十几年，德国在青岛、山东有巨大投资，这些投资的效益还没有充分显现。战争不可能永远打下去，德国希望将其在山东的权益交还中国。至于具体条款，德国希望战后再交涉。

青岛、山东的主权属于中国，中国只是将青岛租借给德国九十九年，将山东优先开发权让渡给德国。中国此时如大胆接受德国请求，只是提前终止租借合同，即便与英日发生某种不愉快，但大致上还可以理解。然而中国政府鉴于英日软硬两手，特别是日本的诱惑，中国淡然拒绝了德国请求。中国的理由很简单：英日反对。不便言说的理由是：1.日本已承诺会将青岛交还中国；2.日本会接受中国请求，驱逐孙文那些"乱党"，甚至帮助中国平息内部动荡。

政府内部曾想到日本可能不会那么顺利将山东权益还给中国，曾与美国交涉，希望美国出面向德国接管山东权益，之后由美国还给中国。

美国没有急于选边，其立国原则为贸易自由。只要不损害贸易自由，美国对世界事务并不愿意多事，所以对于中国请求，美国不愿得罪日本，拒绝考虑，仅劝说日本应确保中国领土完整、门户开放、机会均等，信守诺言，尽早寻机将青岛还给中国。

对于美国的要求，日本再作郑重承诺：日本对中国没有领土野心，只要德国无条件交出青岛，日本一定寻机还给中国。

假如日本这样做，中日关系一定会在过去二十年和平发展基础上提升一大步，中国一定会感谢日本的担当、大度：对英国够朋友，对中国够意思。

重演十年前"局外中立"故事

日本为了盟国不惜一战，这是履行承诺。但日本不是发兵欧洲，与英军并肩对阵德国。日本选择了一条便捷的路，帮助英国在远东发难，摧毁、夺取德国在中国的利益。

基于这样的考量，日本无法接受中德磋商，无法同意德国将青岛交给中国。道理很简单，青岛交给中国了，日本还怎样帮助盟友呢？

日本执意要用这种办法帮助英国，中国不希望这个结果，无奈与中国关系不错的美国不愿得罪日本，与中国关系也不错的英国也劝中国不必这样做。英国公使朱尔典劝告外交部参事顾维钧：接受这样的安排，不要去挣那些不切实际的虚名了。日本既然答应归还，就不必一定要从德国手里直接拿回了。即便德国现在将青岛交给中国，鉴于情势，又有哪个大国会承认呢？

中国没有铁杆盟友，更没有必须开战的敌人。中国曾想趁机与德国翻脸，与日本一起进攻德国在青岛的军事设施，无奈日本不同意。面对世界大事变，偌大的中国，竟然被排斥在事件之外，除了青岛是中国的，似乎没有中国什么事。

8月23日，最后通牒期限到了，德国并没有按照日本指令给予答复。日本随即按通牒宣布对德宣战，与英军一起进攻青岛。

在过去十几年，德国在青岛修筑了不少炮台。这些炮台基本上都是面对大海，防止敌人从海上袭击。

日本人对山东的地形地貌太熟悉了，甲午战争时，他们在山东作战，并在威海征服了最后的北洋海军。日本没有像德国设想的那样从海上进攻，而是绕到芝罘，从龙口登陆，由陆路向青岛推进。

对于日本的做法，中国应起来抗争，应乘机直接介入日本不愿让中国介入的战争，而且是对日战争，因为日本这一次是不宣而战，是对中国主权的侵犯。

日本没有通过外交渠道向中国报备借道龙口。据顾维钧回忆，大总统袁世凯获悉日军行动,还是山东都督的报告。日本显然违反了国际公法,这给中国提供了一个绝佳的抗争理由。

然而,袁世凯却不准备这样做。在总统府紧急召集的会议上,顾维钧被袁世凯点名首先发言,顾维钧认为,日军在龙口登陆的行动已公然违反了国际公法,因为中国已宣布对欧战保持中立。那么根据国际公法,交战国双方应该尊重中国的中立。因此,为了表明中国确在尽其中立国的责任,中国有义务保卫国土以维护其中立立场。顾维钧明白主张中国应动用武力,抵御日军侵略。

参加会议的国务院参事伍朝枢在发言中认为顾维钧的看法是对的,中国必须履行其中立义务,才能按照国际法保障中立国的权利。如中国不保卫其中立,沉默即便不是承认,也等于是默许日本的行动。

袁世凯转问陆军总长段祺瑞,他想从陆军总长那里了解中国军队能采取哪些行动。段祺瑞说,如果总统下令,部队可以抵抗,设法阻止日军深入山东内地。不过,由于武器、弹药不足,作战将十分困难。袁世凯直截了当问段祺瑞抵抗可以维持多久。段祺瑞说四十八小时。袁世凯又问:四十八小时以后怎么办?段祺瑞望了望总统,说听候总统指示。

军队"不给力",可能是袁世凯放弃武力抵抗的原因之一。袁世凯再问外交总长孙宝琦,孙宝琦支支吾吾不知所云,但可以肯定是外交上也没有什么好办法。袁世凯环顾左右,期待各部总长说点提气的话,无奈各位沉默不语,静候总统指示。

袁世凯深深叹了一口气,说他很明白根据国际法,法学家们认为中国应该怎样做,然而我们毫无准备,怎能尽到中立国的责任呢?他认为,国际法是人制订的,中国为什么不可以根据自己的实际情况制订自己的国际法呢？袁世凯拿出一张事前准备的小纸条作为发言依据，他提醒各位同僚，十年前发生在东北的日俄战争，中国没有力量阻止日军行动，只好划出"交战区"。那么，现在也可以划出一条走廊，日军可以通过走廊进攻青岛，中国不干涉日本在此区内通过，在此区之外中国仍保持中立。①

9月3日，外交部照会各国公使，以山东龙口莱州及连接青岛附近各地为交战国行军区域。中国重演十年前故事，局外中立看着两个"友邦"在中国境内厮杀。

十年前"局外中立"让中国付出了不小代价，人民惨遭蹂躏，付出巨大牺牲。中国的收获，就是借着日本的手驱逐了赖在那儿的俄国人。历史还会重演吗？袁世凯想到这一层，究竟会给中国带来怎样的结局？

《二十一条》提出

袁世凯划出一条供交战各国通过的走廊，表面上对各国平等，大家都可以使用。实际上，这个举措偏袒了日本，方便了日军进攻德国守军。这个政策一宣布，立即引起德国公使强烈抗议。

口头抗议无法阻止日英联合进攻，德国的抵抗本来就是象征性的。仅仅两天，驻守青岛的德军就投降了，日本人浩浩荡荡开进，迅速接管了德国整个租借地，包括青岛，以及青岛至济南的铁路。

日军的行动引起中方高度恐慌，也给中方出了一个难题。中方

---

① 《顾维钧回忆录》，121页，北京：中华书局，1997年。

既然已默认日军对德军的进攻,并让出了一条通道,那么现在还有什么办法能遏制日军在山东的行动呢?中方自甲午战争以来原本就对日本在亚洲的扩张政策心存疑虑,日本此时趁着欧战在中国大举用兵,不能不让中国人浮想联翩。

12月29日,外交次长曹汝霖与日使日置益举行会谈,中方宣布取消中立战区,并让驻日公使陆宗舆正式通知日本外务省。日本不愿接受中国政府的宣布,要求中方应与日方妥善协商后方能取消。英国公使也向中方施压,劝告中方应谨慎从事。

1915年1月7日,中国照会英日两国,宣布取消山东特别行军区域,恢复原状,要求在中立区的日军必须尽快撤走。日本接到要求后并不接受,日本认为,中方宣布取消山东特别行军区域为未当,日军的行动不会受中方这个宣布的影响与约束。

中方对日本的预感是准确的,日本确实不是简单地帮助英国赶走德国。英日盟约只是日军行动的一个理由,日本决心利用这个机会,利用列强忙于欧战而无法东顾,实现其亚洲目标。

早在日军攻陷青岛后第三天(1914年11月10日),日本内阁会议议决对华交涉案,也就是后来所说的《二十一条》。为了让处于第一线的外交官充分理解政府的意图,日本在军事行动进行时,命驻华公使日置益返国,面授机宜,并与政界元老反复推演交涉可能遇到的问题。在经过充分准备并报经天皇裁定后,日置益携带这份经过精心准备的"对华交涉纲要"即《二十一条》悄然回到北京,寻找一个合适时间向中国政府正式提出。

日置益以刚从东京返回为理由,请求外交部安排时间面见大总统袁世凯。经磋商,时间定在1915年1月18日。是日午后三时,袁世凯与日置益会面。寒暄后,日置益将精心准备的《二十一条》

说帖面递袁世凯。日置益不忘追加一句：

> 日本政府对大总统表示诚意，愿将多年悬案和衷解决，以进达亲善目的。此奉政府训令，面递条款，愿大总统赐以接受，迅速商议解决，并守秘密。实为两国之幸。①

《二十一条》后来一直被理解为日本"灭亡中国"计划书，由于日本刻意强调以秘密方式进行，更增加了中国人对日本要求的担忧。《二十一条》分为五项，第一项共四条，要求中国承认日本继承德国在山东的一切权益，并有扩大。德国在山东的权益，是1898年以来中国让渡给德国的，现在日本通过战争控制了山东，事实上已接收了德国的权益。日本要求中国确认，在事实上承认了中国对山东的主权。这个要求，类似于经济学上所说"确权"。

《二十一条》第二项共七条，要求中国承认日本在南满、内蒙古东部享有居住、经营工商业、筑路、开矿等一切权利，将旅顺、大连和南满、安奉铁路租借期延长至九十九年。这一项显然超过了日本此次在山东对德国的军事行动，不管日本用什么理由，都让中方觉得别扭，觉得日本有乘人之危的意思。

第三项共两条，要求中方将汉冶萍公司改为中日合办，附近的矿山不经公司同意，不准他人开采。这是一个具体的中日合资项目，同意与否，无关大局。

第四项一条，要求中方不得将沿海各港湾、岛屿租借或割让给其他国家。

---

① 王芸生：《六十年来中国与日本》第六卷，73页，北京：三联书店，1980年。

在中方看来最严重的是第五项，共七条，日方要求中方必须聘用日本人为政治、财政、军事顾问，中国的警察、兵工厂必须中日合办。日本享有南昌至武汉、杭州、潮州间铁路修筑权。日本在福建拥有开矿、筑路、建海港、开船厂等特权。第五项，被中方视为对国家主权的严重侵犯。正如一些外交官所说，假如中国如所要求的那样聘用日本人，那么中国何在，与亡国何异？

重建帝制的逻辑

日本在对德行动之初曾承诺将青岛寻机移交中国。假如日本此时兑现承诺，即便日本不向中国提出什么条件，中国也一定会心存感激，尽量让日本分享中国的市场、资源。

然而，日本在欧战爆发后太过膨胀了，迫切期望利用这个时机垄断亚洲。日本的行动，触犯了列强的利益，但中国最初又忽略了这一点，没有及时将日本的要求向列强透露。

日置益当面叮嘱袁世凯谨守秘密，且就袁世凯接受这些要求的好处作了一个口头暗示。这个暗示，击中了袁世凯的软肋。日置益先谈了中国革命党人与许多在野日本人关系非常密切，日本政府"无法制止这些人在中国兴风作浪，除非中国政府确实能提出某种友好的证明"。日置益还说，大多数日本人对袁大总统的印象并不好，他们认为大总统是坚决反日的，中国更愿意与欧美国家亲近而与邻国日本为敌。"如果大总统现在接受这些条件，日本人民就会相信大总统对日本是友好的，而日本政府那时也将有可能向大总统提供援助。"

自从宋教仁被刺死亡以来，袁世凯确实受到革命党人的极大困扰。当时秩序失范，政治混乱，中央政府层面几乎陷入了无政府状态，政府与议会，国务院与总统府，几乎在所有重大问题上都很难取得一致。中国没有在一战爆发后迅速介入，没有加入战团，不是中国不想，而是中国不能，政治的纷争让一切重大决策无限期后延。

日置益的说辞引起了袁世凯的思考。在这次谈话中，袁世凯沉默不语地坐着。在袁世凯看来，《二十一条》无疑是一个重大打击，这个打击使他惊呆了。据说，袁世凯只说了这么一句话："今夜我不能对你作任何答复。"①

送走了日置益，袁世凯迅即召集外交部总次长、总统府秘书长等会议，确定交涉步骤。在随后的日子里，中日两国外交官进行了二十多轮谈判。国际社会，特别是美国也对日本施加了一定压力，美国不希望日本趁着欧战无限度扩大在中国的影响力。至于国内民众，也在这次交涉中被政府动员起来了，各地反对《二十一条》的呼声日渐高涨。这是近代以来中国民众第一次介入外交冲突。

面对中国政府的不妥协，面对民众民族主义情绪高涨，面对国际社会压力，日本一方面做些让步，放弃对中国最不利的"第五号要求"，另一方面不顾中国民族主义情绪，于1915年5月7日悍然向中国政府发出最后通牒，限5月9日下午六点前答复，否则将执行必要之手段。

与口头威胁相配合，日本军舰在渤海一带游弋，在山东等地的日军开始增兵，日侨纷纷撤走。给人的感觉，中日战争一触即发。

对于中日之间可能爆发的军事冲突，与两国关系均非泛泛的英

---

① 芮恩施：《一个美国外交官使华记》，103页，北京：商务印书馆，1982年。

美两国高度关注。美国公使芮恩施竭力劝告中国应尽量避免与日本发生正面冲突。英国公使朱尔典也是这个态度,劝说袁世凯政府接受日本条件,毕竟第五号已经删除。"目前只能暂时忍辱,只要力图自强,埋头苦干,十年以后,即可与日本一较高下"。否则,中日冲突一旦发生,欧美诸国现在无暇无力东顾,吃大亏的还是中国。[①]

英美的劝说深刻影响了中国的决策。5月8日,袁世凯召集各部部长,以为英美等国无力帮助,而中国自身国力不足,难以兵戎相见,只得接受《二十一条》第一至四号部分要求。

消息传出,舆论哗然。各地抗议运动此伏彼起,为挽回民心,袁世凯下令将接受《二十一条》那一天作为"国耻纪念日"。

中国被迫接受日本的要挟,确实够耻辱的。那么究竟是什么原因让中国在甲午战争二十年后,在中国转身,甚至改变国体后再次受制于日本呢?朱尔典的观点,是中国不够强大,因此中国应该以此为戒,埋头苦干,壮大自己,卧薪尝胆,十年复仇。

并不是所有中国人都这样认为。就在中日交涉最艰难的时候,一直关注中国政治发展的年轻政治家杨度,1915年3月提出了一个全新思路。他在此时撰写的《君宪救国论》,深刻分析此次中日交涉历史背景,以为中国此次无力与日本对抗,主要的不是中国实力上不如人,而是中国在政治发展道路上陷入了民主主义、共和政治的误区。

按照杨度的分析,国家的根本目的,就是建设一个让人尊敬的强大国家。而立宪,就是国家实现富强的基本手段。盖立宪者,国家有一定之法制,自元首以及国人,皆不能为法律以外之行动,人

---

① 曹汝霖:《一生之回忆》,128页,北京:中国大百科全书出版社,2009年。

事有变而法制不变；贤者不能逾越法律而为善，不肖者亦不能逾法律而为恶。国家有此一定之法制以为之主体，则政治永远有善政而无恶政，病民者日见其少，利民者日见其多，国中一切事业，皆得自然发达，逐年递进，循此以至于无穷，欲国之不富不强，乌可得乎？

在杨度看来，立宪、法制，而不是共和，才是一个国家强大的制度基础。要想实现立宪，君主，而不是民主，才是关键。一个不可争夺的大位，一个拥有绝对权力的权威主义者，才能给国家带来真正的进步，而不是名义的、名词的进步。杨度的名言是：

> 非立宪不足以救国家，非君主不足以成立宪。立宪则有一定法制，君主则有一定之元首，皆所谓定于一也。救亡之策，富强之本，皆在此矣。①

杨度的《君宪救国论》完成后，并没有公开发表，而是通过总统府内史夏寿田报给了袁世凯。假如这篇文章当即公开发表一定会引起极大争议，那么袁世凯或许会有所犹豫。而由于是"内参"，袁世凯阅读后大加赞扬，以为杨度的方案"灼见时弊"②。

国家改制无疑是一件重大的事情，袁世凯欣赏杨度的说法，但并没有听风就是雨，轻率采纳杨度的建议。袁世凯一方面听任各方面自由研讨，另一方面郑重其事委托美日宪法专家古德诺、有贺长雄进行研究。

---

① 《君宪救国论》，《杨度集》，573页。
② 陶菊隐：《政海轶闻·君宪救国论》，上海书店出版社，1998年。

就其理论而言，民国成立以来在政治上的困境，当然与国体变更密切相关，但是中国既然踏上了共和的路，是否必须废除共和，重建君宪？以后世眼光看当然不必，但在袁世凯等人看来，要想克服日本带来的危机，舍此别无办法。

基于这样的想法，袁世凯帝制自为的步伐被各方面自觉不自觉地推动，但当进入实施阶段，梁启超、蔡锷等人登高一呼，洪宪王朝未及开国而垮台。紧接着，"新青年"登场，新文化开锣，至一战结束，巴黎和会外交失败，中国政治再转向，走俄国人的路，这就是结论。

萨拉热窝的枪声，让中国历史方向巨变，深刻影响了后世，直至现在。

澳门，现代中国的原点

澳门现在的地位是远不如昔了，不过澳门在中国历史上确实扮演过重要角色，中国与西方现代文明的最初接触主要是通过澳门完成的；远东第一个民主共和政体也是在澳门建立的；中国开始走出中世纪，迈向近代的门槛，也是从澳门这块土地开始的。从中国现代化历程的视角进行观察，澳门实在是现代中国的原点，是西方现代文明在中国最早的示范地。

发现东方

大约在十五世纪下半期，欧洲的生产方式发生重大改变，迅速提升的生产能力迫使西方寻求更为庞大的海外市场以扩大财源和势力范围。1497年,也就是大明王朝孝宗弘治十年,葡萄牙人达·迦马发现非洲东南海岸那塔尔。第二年,达·迦马绕过好望角,开辟了由欧洲直航远东的通道,真正实现意大利航海家哥伦布发现新大陆的既定目标:这里才是真正的印度,而不是被哥伦布误会的印第安。

1511年,葡萄牙航海家沿着达·迦马开辟的新航线继续前行,顺利进占马六甲。又经过三年也就是1514年,大明王朝正德九年,葡萄牙商船终于第一次抵达广东海岸。中国人借用阿拉伯商人对葡萄牙的称谓,称这些葡萄牙人为"佛朗机",并在此后很长一段时间误以为他们就是位于马来半岛上的一个部族。[①]而这些东来的葡萄牙商人将错就错,于1518年冒充大明王朝在马来半岛上的属国满刺加朝贡使节,企图获得明朝官方颁发的贸易凭证。

此后半个世纪里,这些葡萄牙商人不断扩大对华贸易,只是这些贸易从总体上说在中国并不合法,所以葡萄牙商人与中国地方官府不仅矛盾重重、冲突不断,甚至时常发生武装冲突暴力事件,中国地方当局不胜其烦,葡萄牙商人也深受其苦,大家都在寻找根本解决的方案。

经过差不多半个世纪的磨合,中国地方政府官员和葡萄牙商人逐渐从陌生人变成老相识,他们终于通过各种合法乃至不合法的理由寻找解决问题的办法。1554年,葡萄牙商船抵达广东沿海,他们向中国地方当局谎称船上装载有送往北京的贡品,只是这些贡品在航行途中触礁下沉,不幸潮湿,他们请求广东地方当局能够破例让他们登岸晾晒。

[①]《清史稿·邦交志一》。

葡萄牙商人的理由光明正大，最主要的还在于这些商人已经非常了解中国的风土人情，知道怎样与中国官员打交道，他们投其所好为广东海道副使汪柏准备了丰盛的礼品，这些礼品或许不过是中国人尚不知道究竟的新奇小玩意而已。可是这些小玩意打动了汪柏，汪柏还真的破例让这些葡萄牙商人登上浪白澳晾晒物品，并允许他们在那里搭建房屋短暂居住。

浪白澳位于澳门西南数十里，孤岛悬海，水土恶劣，很不适宜人类居住和生存，那里几乎没有什么中国居民，所以葡萄牙商船虽然在浪白澳登陆，但他们实在很难使用这个港口，得寸进尺，葡萄牙商人觉得中国地方当局既然已经准许他们在浪白澳登陆居住，为什么不可以将条件稍好的澳门划拨给他们使用呢？费尽周章几经波折，他们终于获得在澳门建筑房屋居住的许诺，同意他们在那里从事和平贸易，但条件是必须向中国地方政府课以百分之二十的贸易税。这个临时性的制度安排不仅开启了中国与葡萄牙之间关系的新时代，两国之间从此大致结束了连年不断的沿海武装冲突，而且开启了东西方文化交流的新纪元，葡萄牙人和后来源源不断东来的西方人不断蚕食、扩大居住范围，澳门从此成为西方世界进入远东抵达中国的桥头堡和一个重要基地。

葡萄牙人东来，并不是中国人第一次与西方接触。中国与西方国家曾经有过很久远的交往史。早在宋元、汉唐，甚至更早的时候，中国人已和西方世界有过直接往来和交流。物质的贸易、文化的互换，乃至宗教的传播都曾在东西方留下不少印痕。然而由于文化屏障，中西双方在此之前虽有交往，但实际上相互敌视相互猜疑，并没有多少心灵上的交流和文化上的认同。中国人恪守非我族类，其心必异的祖训，严夷夏之大防；西人则以猎奇的心态看待这个东方古老大国和不一样的文明。

自从葡萄牙人获得在澳门的居住权之后,一切都发生了改变。来到澳门的西方人开始用力经营澳门,建立进入中国的前沿基地,竭尽全力向中国内地渗透。1562年,新即位的葡萄牙国王指令印度总督派员出使中国,加强联系。明朝政府实在不太明白葡萄牙的用意,这个联系并没有真正建立。然而在这一年,也正因为葡萄牙国王的这个指令,耶稣会传教士培莱思(Francoisperez)抵达澳门,开始筹划向中国内地传教。不久,澳门已有分属耶稣会、奥斯定会、多明我会、方济各会等修会的传教士。在此后多年里服务于明清两代宫廷中的传教士,差不多都是由澳门登陆然后长途跋涉进入北京,像供职内廷,专事绘画的西洋"画工"郎世宁等,都是沿着这条路线进入中国内地。[①] 甚至到了大清王朝宣布禁教,宣布将那些传教士驱逐出境时,也是要求这些传教士必须经澳门而返国。[②] 澳门成为西方来华人士的必经之地,也是西方人进入中国之前接受中国语言文化、风俗习惯方面训练的重要基地。

澳门能够成为西方人士进入中国的重要基地,是历史发展的必然结果。早在培莱思踏上澳门土地后,他就梦想着早些进入中国本土传教。1565年,培莱思通过各种办法终于到了广州,他在那里用葡萄牙语和中文上书广东布政司,请求中国政府允许他上岸居住传教。上书大意谓:

[①] 明清两代通过澳门进入中国的传教士情况,详见刘小萌:《康熙年间的西洋传教士与澳门》,澳门《文化杂志》第40、41期合刊,2000年,第41—42页。

[②] 《清实录·雍正朝》卷二十七。

> 本人自幼年读书，深知各种科学。职在周游世界，宣传上主教律。闻知中国地大国强，又系圣贤之邦，敢请允许与彼等相处，借以沟通本人所携来之教义。此外并请求赐予一安身之所，俾能常常为朝廷效力。年老体衰，实已不堪海上风浪之苦，并特借此地举行在海上所不能举行之祭祀典礼，祈全能上主加佑朝廷及其国家与官吏。①

负责接待的明朝官员态度友善，接过上书，并询问培莱思所读何书，所奉何教，如何教人得救等道理。

对于中国官员的询问，培莱思以《圣经》"十诫"作答，中国官员甚感满意，遂嘱随从将一块粉红丝巾系在培莱思的脖子上，表示培莱思是一位信奉上帝的读书人。紧接着，布政司官员又问道："你会说中国话吗？"培莱思答称不会。于是中国官员说："那么最好你先去做学生，学习我们的中国话，以后再做我们的老师，给我们讲解你们的教义。"明朝政府用最简单的理由否决了培莱思的请求。

这个并非重要的理由给传教士特别是后来的范礼安一个重要启迪，使他们很快意识到要想进入中国，除了等待中国政府政策变化外，他们主观上能够做的事情无疑是要尽快学习且学好汉语。所以，在被拒绝入境后，培莱思并没有灰心丧气，而是返回澳门，修建长久性寓所。这所寓所很快又被改建为学校，并在这里创建了澳门第一所耶稣会会院，传教士们开始在澳门的葡萄牙人和中国人中间进

---

① 〔法〕费赖之著，冯承钧译：《在华耶稣会士列传及书目》上，15页，北京：中华书局，1995年。

行传教活动,培训人才,等待适当的机会进入中国内地。这所学校就是后来在澳门非常有名的圣保禄学院,这个学院先后培养出一大批知晓中国文化的传教士,成为明清两代来华传教士的一个重要摇篮。

为了开辟、拓展远东新教区,罗马教廷于1567年任命葡萄牙人加奈罗(Mgr Melchior Carneiro)为中国、日本教区第一任主教,并从印度移驻澳门,直接管理中国、日本教区。加奈罗就任后,在澳门创建医院和收容所,不断扩大耶稣会的影响力,并将进入中国本土创建教区作为奋斗目标,注意健全和发展组织机构,注意汉语人才的培养,寻找进入中国内地的机会。

当时,明王朝并不是绝对不允许外国人进入广州,而是规定外国人在每年春秋两季可以两次进入广州,但不允许他们在广州过夜,更不能在那里长期定居。这个政策直到范礼安出任掌管远东传教事务视察员时才逐步改变。

范礼安初到澳门在1578年。在澳门,范礼安开始从文化层面深入了解中国、理解中国,感到中国是一个秩序井然、高贵而伟大的帝国。面对一个具有如此深厚文化、学术修养的民族,唯有那些在学识上和品德上同样具有较高素养的外国人,才能赢得中国人的信任,获取在中国居留并传播西方文明的机会。同样,范礼安也相信像中国这样一个聪慧勤劳的民族绝不会将懂得其语言和文化的有教养的耶稣会士拒之于门外。于是他牢记耶稣会总会长临行前的嘱托,设法"再度点燃沉睡之中的远征中国的热情","希望开始皈依庞大中国的计划"[①],决定指派若干神父潜心学习中文,希望能尽快

[①] 〔意〕利玛窦、〔比〕金尼阁著,何高济等译:《利玛窦中国札记》上,142页,北京:中华书局,1983年。

打开迄今为止还对传教士关闭着的中国大门，让一些神父不仅能够进去，而且能够居住下来，生存下去，进而能够向中国人传布基督福音。以范礼安为代表的传教士通过在澳门与中国人实际接触，逐步建立了对中国文明和中国人的新看法，重新发现一个和他们前辈认识并不一样的新东方。①

西方经验展示

与此同时，中国官方与民间也通过澳门这个地方，在与西人的直接交往中逐步体会西人的善意与执意东来的宗教情怀，逐步改变对西方的看法。东西方在实实在在的交往中不经意地发现对方的优长之处，所以在晚明很长一个时间段里，尽管中国政治存在这样那样的问题，但中西之间的交流却在一种坦然的正常气氛中进行。如果不是发生后来明清易代的政治变动，中国与西方的交往一直维持着晚明时代的气氛，相信不仅中国文化能够启蒙西方，影响西方后来的历史进程，而且已经传入中国的西方文化也必将在潜移默化中改变着中国文化的形态，影响着中国文化乃至政治的进程。而在这个"东西方相互发现"的过程中，澳门始终处于非常重要的地位。

自西人入住澳门后的四百年间，至少在英国人占领香港之前，澳门不仅是东西方贸易交往的枢纽、东西方社会与文化交流的平台，而且西人与中国人在澳门杂处，形成了一种前所未有的新型社会形

---

① 〔法〕裴化行著，萧濬华译：《天主教十六世纪在华传教志》，182页，北京：商务印书馆，1936年。

态。澳门在西人的直接管理下,一直充当着西方经验在东方的试验基地和示范场所的功能,这对中国后来接受西方文化很有用处。中国后来之所以愿意踏上近代化或现代化的道路,之所以在西人的政治军事压力下走上变革道路,在很大程度上因为在自家土地上久已看到西方化并非想象中那样恐怖与可怕,在适度压力下,中国人完全能够走上与西方人同样的道路。所以在很大程度上可以说,在香港沦为英国殖民地之前,在各大中心城市出现大批租界之前,澳门就是中国了解西方的一个重要窗口,对于促动中国后来的变化起到非常重要的功能。西方的政治体制、法律体制、教育体制等在澳门的试验与示范,深刻影响了中国人,启发了中国人的觉悟。

在葡萄牙人踏上澳门土地之后很长一段时间,澳门的主权仍在中国政府手里。只是由于定居在澳门的葡萄牙人越来越多,华人也在逐步增加,社会问题以及随之而来的其他问题总会出现。于是,在澳门的葡萄牙人根据自己的西方经验,于1560年自行选举产生一个自治组织,由一名驻地首领、法官和四位较具威望的商人构成,行使社区内部事务的管理权力,这个自治组织其理论根据或原初模型似乎是地中海的城市共和国组织形态,由这些葡萄牙商人将之移植到远东,所以很像是一个"商人共和国",也是后来澳门议事会的雏形。

澳门早期的这个自治组织在西方的历史上或许意义不大,但从东方、从中国的历史上说则意味无穷。不管怎么说,这是在远东、在中国第一个民主共和国形态,不管这个民主共和国中是西方人居多还是中国人居多,但毕竟是诞生在中国的土地上,这个示范意义不应该低估,它毕竟告诉了中国人,尽管那时中国的政治体制很优良,成为西方来华传教士争相赞美的对象,但在中国的政治体制之外，还是有很不一样的政治体制。这对于鸦片战争之后中国的政治变革，起到过积极的正面的示范，一大批近代读书人从澳门的发展、政治、市政中获取过重要启示。

从历史的角度看，澳门在过去几百年的发展中确实是个不可思议的异数。在葡萄牙人占领澳门之后很长时间，葡萄牙并没有将澳门视为自己的领地，甚至没有将之纳入葡萄牙在海外在远东的殖民体系中，而完全是因为在澳门毕竟有许多葡萄牙人生活在那里，完全是出于对这些葡萄牙人的关心，由一年一度赴日本的舰队司令或日巡航首领于途中巡视澳门，就便处理相关事务，比如防务，以及与战争、防务有关的司法管辖权。

而对明清两代中国政府而言，澳门或许是太小了，对中央帝国来说似乎从来不值得投入很大的精力进行管理，所以葡萄牙人占领澳门，居住澳门，中国政府始终比较大度，并没有觉得是对自己主权的侵犯，中国政府的放任和葡萄牙政府的不管，为澳门的自由发展提供了相当大的空间，创造出一种非西方非东方的文明形态。西方的政治、法律、文化教育制度移植到了澳门，移植到了东方，但这个制度与葡萄牙在海外的殖民地制度显然还是那么的不一样，而具有自己的特色，是一种非完全意义上的文明杂交，在中国人的大门里头或者说院子里提供一个与中国传统文明很不一样的示范。

1568年，罗马教廷任命卡内罗（D. Belchior Carneiro）出任澳门第一任主教。1575年，澳门教区作为远东第一个主教区开始运转，澳门逐步成为罗马教廷在东方的指挥中心，西方文化通过澳门这个中介开始向内地源源不断地输送。至于澳门自身，则不断接受西方人的改造，具有越来越多的西方色彩。鉴于此，中国政府于1574年开始在澳门与内地连接的地方设立关闸，管理澳门与内地的往来。

然而到了1580年，情况开始发生变化。

那一年（1580年，明万历八年），住在澳门的葡萄牙人自主选举首席法官，建立自己的市政管理系统，而不是先前简单的自治组织，并决定在澳门实行葡萄牙的法律，第一次将西方的法律体系延伸到澳门。葡萄牙人的做法从行政管理的角度说或许情有可原，但显然超出了中国政府当时所能接受的底线。1581年，年过七旬的福建长乐人陈瑞（字文峰）以兵部尚书兼右都御使衔总督两广事务，受命彻查此事。

上任伊始，陈瑞谕令在澳门的葡萄牙人地方长官，即中日贸易船队司令米兰达（Aires Gonsalves de Miranda）和耶稣会萨（D. Leonardode Sa）主教①，前往两广总督驻地肇庆见他，商谈此事的处罚及善后。

在澳门的葡萄牙人接到这个谕令后颇感吃惊，因为葡萄牙人居住澳门已获得中国政府的默许，中国政府并没有反对在澳门的葡萄牙人相对自治。至于在澳门的葡萄牙人选举首席法官，实施葡萄牙法律，这都是相对自治中的应有之事，中国政府似乎不应该过分干涉。不过陈瑞是中国政府的地方代表，他的命令即便不代表中国政府，但也不宜蔑视，以免引起更多误会。于是，在澳门的葡萄牙人试图寻找一个两全其美的办法，既不使陈瑞及中国政府感到没有面子，也不过于损害葡萄牙的尊严，因此，代表葡萄牙利益的澳门政教当局断然不能前往肇庆接受陈瑞的训斥，只能用折中的办法另行解决。

经范礼安动议，在澳门的葡萄牙人行政当局决定委派传教士罗

---

① 《利玛窦中国札记》等文献中翻译为澳门市长和主教。

明坚代表澳门教区主教，另派与中国官员关系密切的检察官本涅拉（Mattia Penella）代表市政当局同行。范礼安的意思是，不仅要维护葡萄牙人的尊严，维护西方人在澳门的管理体制，而且应该利用这一机会，争取中国政府能够同意在大陆上划定一个永久居留地给传教士，争取中国地方当局在今后的贸易活动中尽量减少干涉。为了达成这些目的，葡萄牙人进行了认真的准备。根据先前与中国官员交往的经验，特别为陈瑞准备了丰盛的礼品，包括他们所知道哪些是中国人特别宝贵的东西。这些东西有天鹅绒、水晶镜等，价值超过一千金币。

准备齐全后，罗明坚、本涅拉一行在中国使者陪同下，于1582年5月前往总督衙门所在地肇庆。陈瑞第一次接见罗明坚等人时，因葡萄牙人无大明皇帝的准许就在澳门定居而勃然大怒，以为在澳门的葡萄牙人并没有获得明朝政府的许可，更没有被授予任何管辖权，现在在澳门的葡萄牙人竟然擅自选举什么自治组织，那么这种自治组织究竟是依据什么样的法律进行管束呢？陈瑞要求葡萄牙人进行解释。当时，陈瑞端坐在衙门大堂上，两旁站立三百名手执宝剑的武士。

陈瑞故作威严的姿态并没有吓倒葡萄牙使者，罗明坚等人毫不畏惧，据理力争，告诉陈瑞葡萄牙人虽然在澳门定居，但他们对中国人以兄弟相待，安分守己，不曾作奸犯科。并不忘恭维陈瑞说：居澳葡人无论过去还是现在总是中国皇帝的顺民，并承认总督殿下是他们的保护者，恳请总督对他们加以扶助及慈爱。随即，罗明坚等人适时递上他们准备好的礼物。

文官不爱财，武官不怕死。这是中国古人的期待，可是这种期待每每落空。根据利玛窦的记载，当陈瑞看到这些礼物时，他的傲慢态度顿时消失了,他笑着通知罗明坚等葡萄牙使者,澳门的一切情况可以照旧继续下去,以现行方式进行自治管理,但要服从中国官员的管辖和命令。然而正如利玛窦所嘲弄的那样,这不过是一套惯用的官样文章,因为澳门的葡萄牙人是受葡萄牙的法律管辖的,而住在那里的其他民族则各行其是。甚至中国人变成基督徒时,也不穿自己的中国服装,而是像欧洲人那样打扮。早期圣贤期待的"以夏变夷"终于在基督教文明面前变成了"以夷变夏"。此后,葡萄牙政府逐步改变了对澳门的管理,正式向中国政府承租了这块土地,按年交租,正式委派总督,正式采纳西方的政治制度、法律制度和文化教育体制,澳门的面貌从此发生根本变化,一个早于香港数百年的西方"飞地"终于在远东形成,其体制、画貌均与中国内地判然有别。

在葡萄牙人的经营管理下,澳门的地位越来越重要。进入清代之后,随着东西方贸易及文化交流的不断扩大,澳门在西方的重要性越来越凸显。在清政府不愿更多开放沿海港口的情况下,西方许多国家也开始利用澳门这个登陆中国最方便的前沿。荷兰人、英国人等多次试图分享葡萄牙人在澳门的权利,但终因各方面原因而没有得逞。只是到了鸦片战争后,香港沦为英国人的殖民地,随着香港地位的上升,澳门的地位逐步下降,在东方贸易往来、文化交流等方面逐步让位于香港。

西方经验在澳门获得了充分施展,这一点肯定通过澳门及其周边地区向中国内地扩散,逐步且深刻地影响了中国历史进程和现代中国的起源,中国人一定会从西方人在澳门的行政管理经验、地方自治经验,乃至人的自由、权利、尊严等方面获得有益启示。我们现在虽然还不能有效证明晚明中国思想界思想异端与澳门的直接关联,但许多研究已经证明,正是那些年通过澳门不断向中国内地渗透的传教士传来的西方思想,构成了晚明思想异端的学术资源,晚明思想文化的变迁绝不仅仅是传统中国学术文化的必然逻辑,而是带有浓郁的外来智慧和外来特点,这个外来因素的唯一通道,就是澳门,并以澳门为基地,通过澳门周边地区向内地渗透。

开启现代中国

在鸦片战争之前的两百年,西方文化通过澳门向中国内地和中国政治中心北京不断施加影响,这种影响的细节、过程我们目前还不是很清楚,但根据我们对乾嘉汉学本质的理解,中国学人在那两百年间并没有中断对西方学术的研究和探索,他们依然延续晚明徐光启、李之藻等人的西学情怀,使用西学方法从事中国学术研究。这个学术特征是否与在澳门或通过澳门进入中国内地的传教士有着互为因果的关系,可能还需要进一步的学术证明,但乾嘉汉学中蕴含着西学因素确是不易的事实。①

由于澳门的存在,西学在晚明至鸦片战争之前的两百多年间并没有完全中断,从清王朝不断地发布越来越严格的禁海令,也能反证、反衬东南沿海特别是以澳门为中心的沿海地区中外交流不仅没有中断,反而很热闹、很频繁,只是不合法。

至于清政府不断发布驱逐传教士的命令,也证明传教士在清朝

---

① 《乾嘉汉学与西学的内在关联》,《东西方文化交融的道路与选择》,成都:四川人民出版社,1993年。

中前期即鸦片战争之前两百年并没有完全消解影响。即便是来华传教士都被驱逐归国了，那些中国本土的传教士实际上也在成长，他们可能在外国传教士不得不返回自己国家之后，承担了继续传播西方基督教文化的功能，因为民间信仰不会因政治上的打击而消失殆尽，先前和此后的历史都为文化不会因政治的政府的打压打击而中断而消失提供了丰富的例证。最严厉的政治打压莫过于秦王朝的焚书坑儒，可是几十年之后，儒学传人悄然复出，儒家典籍照样重现。文化发展的逻辑总是在证明政治的硬性打压不足以消灭文化，文化的韧性总是顽强地存在着发展着。

传教士、西学在清代中前期通过澳门持续发生影响，具有两方面的意义，一方面是为中国人提供了免疫功能，使中国人觉得西方化并不是那么可怕的事情，更何况，那时的中国还很强大，对于这些域外文明并不觉得会威胁到中国文明的存在和发展。另一方面，西方化、西学在那漫长的两百年间以澳门为中心向内地不断扩散、渗透，在思想上、人才上都为后来中国被迫对外开放准备了条件。十九世纪四十年代之后珠海、中山，也就是整个珠江三角洲地区之所以新式人才济济，引领时代潮流，在很大程度上说就是先前两百年的文化积淀。如果没有先前两百年的文化积淀，不可能使容闳、孙中山、康有为、郑观应等一系列新式人物都出现在这个地区。这就是澳门文化在现代中国的重要意义。

澳门在中国现代化进程中拥有重要地位，还与西人在那里尝试着积累着与中国人打交道的经验有关。西人在澳门几百年的试验中，积累了非常丰富的与中国人打交道的经验和教训，为后来的中西全面交往提供了非常重要的范例和理性原则。除了世俗的经验外，西人在澳门的几百年里，总是有人在那里潜心研究中国人的文化品格、心理特征，研究中国人的人性优点和缺点，研究与中国官府打交道的方式方法，研究怎样才能迎合中国官僚的喜怒哀乐，怎样才能以最小的代价换取最大的利益。"西人在澳门的经验"不仅为后来的中西交往提供了范例，而且由此铸就了中国人在西方人心目中的固定影响。西人至今对中国人的一些固定看法，或许都能在西人在澳门的经验中找到影子或萌芽形态。

中国人从澳门的经历中获取了许多重要启示，这对中国后来的现代化进程起到非常重要的作用，从这个意义上说澳门的西方化是中国近代化的起点，是中国告别中世纪、进入新时代的开始，确实是有充分理由的。

科举:一项被误解的制度

十六世纪晚期,意大利神甫利玛窦不远万里,漂洋过海来到中国,成为第一个真正进入中国的西方人。他在中国生活了近三十年,对中国文明有比较细致的观察,其看法深刻影响了西方人。他认为,中国的制度可能有很多问题,但其科举制保证了政治权力掌握在知识阶层手里,类似于柏拉图"哲学家治理"的"理想国":

只有取得博士或硕士学位的人才能参与国家的政府工作;由于大臣们和皇帝本人的关怀,这类的候选人并不缺乏。因此被委任公职的人对于职务要靠经过考验的知识、审慎和干练来加以巩固,不管他是第一次任职还是在政治生活的活动中已经很有经验。①

无独有偶。距利玛窦两百多年,英国使团马戛尔尼、斯当东等

---

① 《利玛窦中国札记》,48 页。

也深切感受到了科举制的意义,以为这样制度既维持了社会公平,同时保证政府有足够的经过知识训练的官员:

在中国大致可分为三类人:第一类人是读书人,官吏都由这类人产生;第二类是农民;第三类是各种工匠,其中包括商人。关于读书人的考试,全国会试在北京,录取者给以最高学位。读书人所学的东西是一些修身治国的道理,加进去中国的历史常识。在北京会试录取的人由皇帝委派官职。这些人组成全国重要的官府衙门。①

一个如此美好的制度,为什么在二十世纪初年轰然坍塌了呢?

群众举荐与组织考察相结合

正如今天许多研究者评价民主制度时所说的那样,民主制度并不是人类历史上最好的制度,但可以肯定是,民主制度是人类到目前为止最不坏的制度。对于人类历史而言,制度总是动态的,没有最好,只有更好。科举制对于中国,大概就属于这样的情形。

秦汉以后的历史,就是打天下、坐江山、丢失江山这样一个周而复始的循环过程。历朝历代或以暴力,或以禅让获得政权,军功贵族成为王朝政治的主角,但治理天下从一开始就不是军功贵族所能玩得转的。秦王朝尝试着启用一些读书人辅佐,但为时太短,并没有形成一个稳定制度。刘邦夺得天下后,其智囊"陆生时时前说称诗书。高帝骂之,曰:乃公居马上而得之,安事诗书?陆生曰:居马上得之,宁可以马上治之乎?且汤武逆取而以顺守之,文武并

---

① [英]斯当东:《英使谒见乾隆纪实》,329页,上海书店出版社,2005年。

用,长久之术也"。①

从革命走向建设,从战争非常态走向常态,是汉初政治发展的必然。高帝十一年(公元前196),下诏求贤,要求各郡守劝勉辖区贤士积极应召,以待擢用;举荐不力者免官。高祖这一发明,文帝继续享用。文帝二年(公元前178)、十五年(公元前165),两度下诏"举贤良方正能直言极谏者",并就时政问题命题策问,从中发现可用之才。这就是后世"察举制度"的前身。

察举作为一种制度,是在汉武帝时期确立下来的。据《汉书·武帝纪》:"建元元年(公元前140)冬十月,诏丞相、御史、列侯、中二千石、二千石、诸侯相举贤良方正直言极谏之士。丞相卫绾奏:所举贤良,或治申商、韩非、苏秦、张仪之言,乱国政,请皆罢,奏可。"

这次所举贤良并没有真的全部作废,董仲舒此次不仅"天人三策"留名青史,而且获得汉武帝信任,"对既毕,天子以仲舒为江都相,事易王。易王,帝兄,素骄,好勇。仲舒以礼谊匡正,王敬重焉"。②

元光元年(公元前134)冬十一月,"初令郡国举孝廉各一人"。师古曰:"孝谓善事父母者,廉谓清洁有廉隅者。"同年五月,又诏举贤良,于是董仲舒、公孙弘等出焉。③ 至此,察举制度成为治国理政人才选拔的主要方式。

所谓察举,用今天的话说,就是考察、举荐。察是从上至下,

---

① 《史记·郦生陆贾列传第三十七》。
② 《汉书·董仲舒传第二十六》。
③ 《汉书·武帝纪第六》。

是领导考察；举是从下到上，是群众推荐。作为一项制度，察举也在实践中不断完善，不断规范，一是随着儒家地位上升，儒术渐渐成为取士的重要标准；二是察举内容不仅有能，而且须有德行、学问、法令、谋略等方面；三是将察举分为岁举、诏举两类，岁举为常科，每年进行。科目有孝廉、秀才。察孝廉的对象是地方上六百石以下官员和通晓儒家经书的儒生，他们提名后由郡国每年向中央推荐，其出路一般是到中央政府任郎官。孝廉的名额有限制，东汉和帝时规定凡满二十万人的郡国每年举一人，不满二十万人的每两年举一人，不满十万人的郡国三年举一人。举孝廉是察举常科的主要科目，是入仕的正途。所谓诏举，就是由皇帝下诏察举人才，是临时性特科。人数不限、时间不定。

无论岁举还是诏举，这些被选中的贤良文学到了中央，还必须经过一定的考试程序才能获得任命。考试的办法主要有对策和射策两种。对策就是命题作文，射策就是抽签考试。凡属诏举上来的，一般由天子直接面试，大多问些皇上目前最关心的事情。

应该承认，领导考察与群众推荐相结合的察举制在实行的几百年中也为汉王朝选拔了大量有用人才，是中国政治从军功贵族制走向文人治理的重要步骤。中国社会之所以长时期稳定，甚至"超稳定"，一个最重要的原因，就是统治者比较早地明白王朝的所有权不能完全等同于经营权。刘姓的天下固然必须坚持，但经营打理天下事务，还必须扩大统治基础，从各方面吸纳有用之才。

以群众推荐、组织考察相结合的察举制度确实选拔了许许多多的有用人才。如公孙弘，假如没有这个察举制度，他怎么可能从一个放牧人出任丞相并封侯？察举制度为人才脱颖而出提供了一种可能，这并不是与生俱来的坏制度。

然而，如同所有事物一样，水久生虫，器久则坏，法久则弊。察举制度到了东汉晚期，已经衍生出一系列问题。不论是组织考察，还是民间品评，都被深度介入了人际关系，于是曹魏政权推出"九品中正"规范式考评，试图以官方力量阻遏用人弊端。无奈，基于察举基础的九品中正依然无法根除利益勾兑，特别是世家大族、豪门名士、门阀势力逐渐垄断了原本自发自然的舆论环境，他们利用不对称的权力架构，操人主之威福，夺天朝之权势，任意品评，败坏吏治，天下汹汹，但争品位，不闻推让，结果"上品无寒门，下品无势族"[①]。九品中正成了不中不正，既得利益集团整体接班，不仅垄断了一切资源，更重要的是破坏了社会上下阶层的流动。

分数面前人人平等

察举制发展到九品中正，严重压抑寒士进取之途，使统治集团无法获得新鲜力量，统治有效性、合法性受到挑战。隋建国，即废中正，不再给士人划分品级，只需参照"志行修谨""清平干济"两科进行考察，分别荐进。

炀帝即位，改革加速，大业三年（607年）令各级文武分孝悌、德行、节义、学业、文才等十科举荐人才；又二年，将十科合并为四科，试图制定人才选拔的客观标准。

隋朝没有在这方面建构起完整的体系，但其趋向深刻启发了唐初精英。唐高祖武德四年（621年），令诸州举行人才选拔考试，报

---

① 《晋书·刘毅传》。

名资格是明于理体、为乡里所称。资格认定后由本县考试，州长重覆。其合格者，由各州每年十月向中央推荐，谓之举进士，经考试合格者，皆称进士。这就将进士作为一个重要的科目规定下来，并明确每年十月到中央考试，明确州县地方考试只是预试，相当于后来的乡试，只有到中央的正式考试，才是国家大考。第二年，唐中央政府明确士人自愿报名，投牒自应，而不必再经过任何官府或官吏的举荐，使下层寒士获得进入上层的机会。

唐朝设置的考试科目分为常科、制科两类，每年举行的称常科，由皇帝下诏临时举行的考试称制科。常科科目有秀才、明经、进士、俊士、明法、明字、明算等五十多种，称为"分别科目，举送人才"。这就是科举最准确的含义及其由来。

明经、进士两科，在唐朝最初只是试策，考试的内容为经义或时务。后来，这两科内容、名目虽有变化，但其精神就是进士重诗赋，明经重帖经、墨义。

所谓帖经，就是将儒家经书任揭一页，将左右两边蒙上，中间只开一行，再用纸帖盖三字，令试者填充。墨义是对经文的字句作简单的笔试。帖经与墨义，只要熟读儒家经典和唐朝的官方注释就可中试，诗赋则需要具有文学才能。死记硬背比较容易，文学才能毕竟需要某种天赋，所以重诗赋的进士科比较难，而以儒家义理为主的明经科相对较易。

科举制经宋明两代不断完善，逐渐定型，日趋规范。通过这项制度，不仅满足了王朝政治的人才需求，而且极大激励了士大夫阶层的情绪、向心力。据不完全统计，在实行科举制的一千三百多年中，进士总数接近十万人，举人、秀才以百万计。

事实证明，在分数面前人人平等的科举考试，极大增加了社会的流动性,"朝为田舍郎,暮登天子堂",十万进士、百万举人,相当一部分来自社会底层。这是那个时代的社会公正。

科举体制为唐宋以来输送了大批名臣能相、国之栋梁。我们今天许多人对文人从政以为意外,好像中国政治从来就是武人操控。这是不对的。至少从宋代以后,中国政治基本上就是文人的舞台,士大夫阶层的重要职业就是通过科举考试,进入政治,掌控政治。所谓中国社会的"超稳定"结构,十八世纪之前西方人对中国政治秩序的赞美,主要的都是因为科举制为王朝输送了取之不尽的有教养有学识的人才。

作为"天朝上国",中国文明对周边具有相当大的影响力,科举制被日本、越南、朝鲜等地长时期采用。据一些学者的研究,十九世纪中期从英国开始的文官制度,也有相当部分来自科举制的"制度移植"。

当然,作为一项制度,科举制在最充满活力的时候也潜伏着危机,这个制度本身几乎一直处在改革、调整的状态中:

一是内容的改革。自隋唐至明清,科举考试的内容有很大的变化,尽管在主旨上没有脱离儒家思想的主导,但在细目上,在学术资源上,前后期明显不同。后期,由于中国社会意识形态的调整,程朱理学成为科举考试的指导思想,朱熹的注释,成为考试的标准答案。

二是考试手段,特别是防作弊的手段,不断改进。考试,从来都是考官、考生的博弈过程。考场作弊,是人类的天性,防作弊也就成为科举考试的一个重要内容。读旧时小说,说了很多作弊的技巧,反过来,也说明科举考试为了维护社会公正,确实致力于防作弊,对于作弊者也毫不留情地予以打击。

在科举考试中，最受今人诟病的莫过于"八股文"。这项制度形成于明朝成化年间，其主旨原本是为了考试的标准化、规范化。所谓"八股"，通俗的说法类似于今日中学作文教育中的分段，即每篇文章均按照一定格式、字数，由破题、承题、起讲、入手、起股、中股、后股、束股八个部分组成：

破题规定用两句话点明题义，即将题目之义破开。其实用今天的语言来解释，就是点题。也就是说，在开篇就必须用简略的文字点明题意，让读者知道你这篇文章要讲的主要内容是什么。且规定点明题意只能用两句话，这两句话是概括题意、解释题意，但不能直说题意，要留有悬念。破题是八股文最重要的一个环节，破题好坏直接影响后面的表达。有一篇题为《子曰》的八股文，其破题的两句话是："匹夫而为天下法，一言而为天下师。"前一句破"子"字，后一句破"曰"字。这是比较标准的破题。

承题是承接破题的意义而说明紧要之点，是对主题的进一步补充，具有"副标题"的功能，具有承上启下的使用，三句、五句皆可。

起讲为议论的开始，首二字多用"意谓""若曰""以为""且夫""常思"为开端引出下文，以圣贤口气开始议论，较为深入说明文章的用意所在，但最多不能超过十句。

入手为起讲后入手处。这些是八股的前半部分。

接着的起股、中股、后股、束股这四大部分才是八股文的正式议论，以中股为全篇重心。在这四股中，每股又都有两股排比对偶文字，所以又称起二比、中二比、后二大比、末二小比。有的研究者说或称提比、小比、中比、后比；或说是提比、中比、后比、束比。比者，对也，是全篇正式的议论。这样，四股当中，每股都有两段比偶文字，句子的长短、字的繁简，都要相对，合计共八股，所以称为八股文。换句话说，在这四段文字中，要求尽量使用排比句，要讲究词性相对、平仄相对。由此不难想象，一句诗找出可对之句，似乎并不太难，难的是这长篇大论都要讲究排比，讲究词性，讲究平仄，讲究韵律，这确实不是那么太容易。在一定意义上可以说，八股文是融经义、策论、诗赋为一体的考试格式，所讲究的是文辞和格式。

明朝规定科举考试中的四书义不得少于两百字，多则不限。到了清乾隆年间，规定每篇不得超过七百字。批评者总是以为八股文不仅体制僵硬，而且要代圣贤立言，于是八股文大都是一些半通不通的文字，毫无文采和气势可言。清初学者徐大椿的《道情》描写八股文的害处时说：

> 读书人，最不济，背时文，烂如泥。国家本为求才计，谁知道便作了欺人技。两句破题，三句承题，摇头摆尾，便道是圣门高第。可知道三通、四史是何等文章？汉祖、唐宗是哪一朝皇帝？案头放高头讲章，店里买新科利器，读得来肩背高低、口角唏嘘！甘蔗渣儿嚼了又嚼，有何滋味？辜负光阴，白白昏迷一世。就叫他骗得高官，也是百姓朝廷的晦气！

这个批评对于八股末流可谓切中时弊，因为随着科举制度日趋规范，命题自然越来越有规律可循，于是一些不良补习老师不是要求士子认真读书，结合实际充分理解儒家经典微言大义，而是凭借自己的经验和聪明猜题、押题，结果正如顾炎武所批评的那样：士子连儒家经典都不要读了，只记其可以出题之篇及几十篇范文而已。①这与现在高考语文特别是作文弊病有很大相似性。也正是从这个意义上说，八股取士束缚人的灵性、创造性。

八股文后来的弊病当然不是制度创设者的原初本意，这个制度的设立主要的还是出于考试规范化、客观化，从而使考试更公平公正的考虑，因为只有在规定的字数内、时间单位内，才能考察众多考生的差异。这就像体育竞赛一样，所有竞赛者必须遵循同一规则，没有例外。而且作文评估从来都是阅读者主观色彩最浓的一门科，如果不对文章结构进行细密解析，阅卷者势必仁者见仁，智者见智。所以这个制度创设所要达到的目标，就是在一定的规制内创新，犹如画圣吴道子"画人物，如以灯取影，逆来顺往，旁见侧出，横斜平直，各相乘除，得自然之数，不差毫末，出新意于法度之中，寄妙理于豪放之外，所谓游刃余地，运斤成风，盖古今一人而已"②。严格规则照样可以创新，关键还看各人知识、涵养、造化。

时移世易：落后的原罪

科举制满足了农业文明、帝制时代的基本需求，如果没有外部因素的介入，科举制、八股取士的制度肯定还会不断完善，推陈出新。

然而，历史发展总有出人意表者。就在科举、八股日臻成熟的时候，欧洲的变化深刻影响了中国，以八股取士为核心的科举制终于走到了尽头。

---

① 《日知录·拟题》。
② 《苏轼文集》卷七十《书吴道子画后》。

西方的新变化在最初进入中国的时候并没有对科举体制构成压力，相反，西方人反而认为科举制是中国对世界文明的一大贡献，因而将这个制度引向西方，构成后来西方文官体制的一个重要因素。

视科举制有问题，主要发生在1860年中国开始向西方学习之后。实事求是说，虽然中国在那时经过两次鸦片战争打击终于开始学习西方，但是中国知识精英、政治精英从骨子里并不认同中国文明整体性落后于西方。那时的中国精英普遍认为中西之间的差异只在于中国停留在农业文明阶段，缺少工业文明、商业文明，更缺少科学技术，因而那时的中国人在失败之后依然信心满满，相信"中体西用"，相信缺什么补什么，中国一定可以很快追上西方的步伐。

中国人当然有理由相信自己的文明，有针对性学习西方，补上最缺的那些东西也不算错。1862年，恭亲王、曾国藩、李鸿章在北京设立同文馆，其隶属于总理衙门，并聘请总税务司英国人赫德管理馆务，几年后由美国传教士丁韪良担任总教习达四分之一世纪之久。在同文馆任职的中外教习有傅兰雅、马士、李善兰、徐寿等。同文馆俨然成为中国学习西方近代科学的重镇或大本营。

在同文馆存在的四十余年间，培养了一大批通晓近代科学的专业人才，但同文馆体制忽略了一个重大问题：没有像日本明治维新时期那样从整体上建构一个现代教育体系，因而导致科举制与近代科学不接榫。学科学的人没有参加科举考试就无法获得功名，没有功名，就没办法进入体制；继续埋首科举考试的人不懂科学，甚至不懂时务，所学非所用，尽管获得了功名，但对体制，对社会，简直就是废人。

为弥补这些缺陷，冯桂芬提出"改科举""改会试""广取士""停武试"等一揽子科举改革方案，意欲让科举选出的人才合乎社会需要。冯桂芬也注意到了近代科学技术专业人才如何与科举体制相互衔接的问题，建议："特设一科，以待能者。宜于通商各口拨款设船炮局，聘夷人数名，招内地善运思者从受其法，以授众匠，工成与夷制无辨者，赏给举人，一体会试；出夷制之上者，赏给进士，一体殿试。廪其匠倍蓰，勿令他适。"①

清政府也注意到了这些问题，毕竟同文馆毕业生渐多，留学归来者也开始出现。1874年，李鸿章遵照清廷指示，提出一个科举变通方案：

> 臣愚以为科目既不能骤变，时文即不能遽废，而小楷试帖，太蹈虚饰，甚非作养人才之道。似应于考试功令稍加变通，另开洋务进取一格，以资造就。现在京师既设同文馆，江省亦选幼童出洋学习，似已辟西学门径，而士大夫趋向犹未尽属者何哉？以用人进取之途全不在此故也。拟请嗣后凡有海防省份，均宜设立洋学局，择通晓时务大员主持其事。分为格致、测算、舆图、火轮、机器、兵法、炮法、化学、电气学数门，此皆有切于民生日用军器制作之原。外国以之黜陟人才，故心思日出而不穷。华人聪明才力，本无不逮西人之处，但未得其法，未入其门，盖无以鼓励作新之耳。如有志趣思议，于各种略同一二者，选收入局，延西人之博学而精者为之师友，按照所学深浅，酌给薪水，俾得研究精明，再试以事，或分派船厂炮局，或充补防营员弁，如有成效，分别文武，照军务保举章程，

---

① 《校邠庐抗议·制洋器议》。

奏降升阶，授以滨海沿江实缺，与正途出身无异。若始勤终怠，立于罢革。其京城同文馆、上海广方言馆习算学生，及出洋子弟学成回国，皆可分调入局教习，并酌量派往各机器局、各兵船差遣。①

李鸿章想到了科举改制，想到了新人才的出路，唯独没有想到的是像日本那样，建构一个全新的教育体制。因而等到甲午战败，知识精英迅即将失败的根源归结为科举，归结为中国没有新教育。严复说：

八股取士，使天下消磨岁月于无用之地，堕坏志节于冥昧之中，长人虚骄，昏人神智，上不足以辅国家，下不足以资事畜。破坏人才，国随贫弱。此之不除，徒补苴罅漏，张皇幽眇，无益也；虽练军实，讲通商，亦无益也。②

梁启超写道：

难者曰：中国之法，非不变也。中兴以后，讲求洋务，三十余年，创行新政，不一而足。然屡见败衄，莫克振救。若是乎新法之果无益于人国也？释之曰：前此之言变者，非真能变也。即吾向者所谓补苴罅漏，弥缝蚁穴，飘摇一至，同归死亡，而于去陈用新，改弦更张之道，未始有合

---

① 《筹议海防折》，《李文忠公全书·奏稿》卷二十四。
② 《救亡决论》。

也。……吾今为一言以蔽之，曰变法之本，在育人才；人才之兴，在开学校；学校之立，在变科举。而一切要其大成，在变官制。①

梁启超的看法对，又不对。对，是他看到中国之所以在中兴之后不堪一击，主要是因为中国没有开学校；不对，是他接着强调"学校之立，在变科举"，以为学校是科举的延伸，科举是学校的前身。梁启超的这个看法对中国教育史、科举史的研究，都是误导。

当然，梁启超这个看法并不是他一人所独有，自曾国藩、李鸿章、冯桂芬以来，相当多的中国人均把科举与学校画等号。其实，仔细想想，这个看法大错特错。科举对教育确实具有引领示范功能，科举考什么，士子一定去学什么。但是帝制时代的中国学在民间，政府并没有垄断基础教育。至于宋代之后各地涌现的诸多书院，不外乎科举考试的复读基地，而且是集中封闭的复读基地，多聘请名师予以辅导。而科举，始终是朝廷选拔人才的方式，是人事制度、文官制度，而不是教育制度。正是基于如此认识，尽管改科举、废科举的呼声不断高涨，清廷在甲午战败的反省，就是像日本那样在全国推广来自西方的新教育，而不是改变教育体制。1898 年"戊戌变法"第一号文件《明定国是诏》写道：

数年以来，中外臣工，讲求时务，多主变法自强。迩者诏书数下，如开特科，裁冗兵，改武科制度，立大小学堂，皆经再三审定，筹之至熟，甫议施行。惟是风气尚未

---

① 《论变法不知本原之害》，《饮冰室合集》文集之一。

大开，论说莫衷一是，或托于老成忧国，以为旧章必应墨守，新法必当摈除，众喙哓哓，空言无补。试问今日时局如此，国势如此，若仍以不练之兵，有限之饷，士无实学，工无良师，强弱相形，贫富悬绝，岂真能制梃以挞坚甲利兵乎？朕惟国是不定，则号令不行，极其流弊，必至门户纷争，互相水火，徒蹈宋明积习，于时政毫无裨益。即以中国大经大法而论，五帝三王不相沿袭，譬之冬裘夏葛，势不两存。用特明白宣示，嗣后中外大小诸臣，自王公以及士庶，各宜努力向上，发愤为雄，以圣贤义理之学植其根本，又须博采西学之切于时务者，实力讲求，以救空疏迂谬之弊。专心致志，精益求精，毋徒袭其皮毛，毋竞腾其口说，总期化无用为有用，以成通经济变之才。京师大学堂为各行省之倡，尤应首先举办，著军机大臣、总理各国事务王大臣会同妥速议奏，所有翰林院编检、各部院司员、大门侍卫、候补候选道府州县以下官、大员子弟、八旗世职、各省武职后裔，其愿入学堂者，均准其入学肄业，以期人材辈出，共济时艰，不得敷衍因循，徇私援引，致负朝廷谆谆告诫之至意。①

这道谕旨一是宣布创办京师大学堂，作为新知识教育基地，并作为全国新教育的示范；二是宣布调整科举考试的内容，"以圣贤义理之学植其根本，又须博采西学之切于时务者，实力讲求，以救空疏迂谬之弊"。由此可见，在光绪帝的意识中，尽管科举制存在诸多问题，但新教育与旧教育并行不悖，科举考试必须改进，但并没有

---

① 《德宗实录》卷四一八，482页。

废除的意思。

显然,康有为并没有理解皇上的意思。十天后(6月16日),他与光绪帝有如此对话:

> 康:今日之患,在吾民智不开,故虽多而不可用,而民智不开之故,皆以八股试士为之。学八股者,不读秦汉以后之书,更不考地球各国之事,然可以通籍累至大官。今群臣济济,然无以应事变者,皆由八股致大位之故。故台辽之割,不割于朝廷,而割于八股;二万万之款,不赔于朝廷,而赔于八股;胶州、旅大、威海、广州湾之割,不割于朝廷,而割于八股。
>
> 上曰:然,西人皆为有用之学,而吾中国皆为无用之学,故致此。
>
> 康对曰:上既知八股之害,废之可乎?
>
> 上曰可。
>
> 对曰:上既以为可废,请上自下明诏,勿交部议。若交部议,部臣必驳矣。
>
> 上曰可。①

八股取士关涉千千万万读书人的前途,立废八股是不可能的,因为当年考生一直在八股复习中用功,政府如果说废就废,显然无视这些士子的利益了,因此清廷采取渐进办法。6月23日,光绪帝在宣布废除八股取士,要求乡会试及生童岁科各试不再使用《四书》

---

① 《康南海自编年谱》,50页,北京:中华书局,1992年。

命题,一律改试策论。但同时宣布这一改革并不从当年始,而是三年后逐渐推行,以此为考生留有足够的调整时间。

至于改革后如何拟定详细章程,湖广总督张之洞、湖南巡抚陈宝箴接受皇上的委托,慎重研议,提出了一个新章程。新章程只是稍微改变八股取士的面目,并没有如康有为等人所要求的那样废弃八股取士。但,新方案的好处是逐渐变革,在保留旧形式前提下逐步变化其内容,这样自然比较容易被士子接受,也比较好地照顾了他们的利益,不至于引起社会动荡。这个方案既迎合了潮流,又照顾到了习惯,是一个新旧两宜的折中选择,使激烈的新旧冲突得以平息。

新教育必须获得发展,科举制必须改进。这是1898年中国政治改革的共识。然而历史的吊诡在于,那年秋天一场未遂政变打乱了既定计划,京师大学堂的创建没有启动。直至义和团运动结束,新政重启,新教育重新起步,清廷责成各行省普立学堂,并令新进士悉就学堂肄业。然而各地对清廷学堂、科举并存的思路并不理解,大率观望迁延,否则敷衍塞责,或因循而未立,或立矣而未备。这是什么原因呢?袁世凯、张之洞1903年3月有一个细致分析:

> 推究其故,则曰经费不足也,师范难求也;二者固然,要不足为患也。其患之深切著明,足以为学校之的而阻碍之者,实莫甚于科举。盖学校所以培才,科举所以抡才;使科举与学校一贯,则学校将不劝自兴;使学校与科举分途,则学校终有名无实。何者?利禄之途,众所争趋;繁重之业,人所畏阻。学校之成期有定,必累年而后成才;科举之诡弊相仍,可侥幸而期获售。虽废去八股试帖,改

试策论经义，然文字终凭一日之长，空言究非实诣可比。设有年少博植之辈，未尝学问，小有聪明，或泛览翻译之新书，或涉猎远近之报纸，亦能侈口而谈经济，挟策以干功名。而宿学耆儒，皓首穷经，笃守旧说者，反不能与之角胜，坐视其速成以去。人见其得之易也，群相率为剽窃抄袭之学，而不肯身入学堂，备历艰辛，盖谓入学堂亦不过为得科举地耳。今不入学堂，而亦能得科举，且入学堂反不能如此之骤得科举，又孰肯舍今而图远，必易而求难。

袁、张的结论是：

> 是科举一日不废，即学校一日不能大兴；将士子永远无实在之学问，国家永远无救时之人才；中国永远不能进于富强，即永远不能争衡于各国。

他们建议，即便科举不能骤废，亦当斟酌变通，分科递减。务期科举逐渐而尽废，学校栉比而林立，上以革数百年相沿之弊政，下以培亿兆辈有用之人才。①

袁世凯、张之洞逐年递减科举的建议并没有很快见效，各省学堂仍未能多设，经费固然是一个重要原因，而科举未停，天下士林谓朝廷之意并未专重学堂。科举若不变通裁减，则人情不免观望，学堂兴起就仍然只是一个期待。为此故，张百熙、荣庆、张之洞1904年初

---

① 《奏请递减科举折》，《光绪政要》卷二十九。

再上奏折,建议"递减科举注重学堂"。①

这个建议获得清廷认可,批准谕旨以为"学堂、科举合为一途,系为士皆实学,学皆实用起见",因而批准自丙午科(1906)为始,将乡会试中额及各省学额按照所陈逐科递减。俟各省学堂一律办齐,确著成效,再将科举学额分别停止,以后归学堂考试。②

按照这个建议,科举制已经走到了尽头,但还不是立即结束。直至1905年8月31日,袁世凯、赵尔巽、张之洞联衔奏请"立停科举以推广学校",理由还是那些理由,只是不再留有过渡期:

> 臣等默观大局,熟察时趋,觉现在危迫情形更甚昔日。竭力振作,实同一刻千金。而科举一日不停,士人皆有侥幸得第之心,以分其砥砺实修之志。民间更相率观望,私立学堂者绝少,又断非公家财力所能普及,学堂决无大兴之望。就目前而论,纵使科举立废,学堂遍设,亦必须二十余年后,始得多士之用。强邻环伺,讵能我待。近数年来,各国盼我维新,劝我变法,每疑我拘牵旧习,讥我首鼠两端,群怀不信之心,未改轻侮之意。转瞬日俄和议一定,中国大局益危,斯时必有殊常之举动,方足化群疑而消积侮。科举素为外人诟病,学堂最为新政大端。一旦毅然决然舍其旧而新是谋,则风声所树,观听一倾,群且刮目相看,推诚相与。而中国士子之留学外洋者亦知进身之路,归重学堂一途,益将励志潜修,不为邪说浮言所

---

① 吴剑杰:《张之洞年谱长编》,811页,上海交通大学出版社,2009年。
② 朱寿朋:《光绪朝东华录》,5129页,北京:中华书局,1958年。

惑，显收有用之才俊，隐戢不虚之诡谋。所关甚宏，收效甚巨。①

如此好处，清廷有什么还好犹豫的呢？两天后（9月2日），皇上有旨，准自丙午年即第二年所有乡会试一律停止。各省岁科考试亦即停止。并令学务大臣迅速颁发各种教科书，以定指归而宏造就。运行一千三百年的科举制至此寿终正寝，成为历史陈迹。

废科举是近代中国一个重大事件，给那些不通新学一心科举的士子带来严重不适。但说废科举阻断了青年士子晋升之路，并进而引发对体制的抗争，引发辛亥革命，这样的说法夸大了事实。事实是，一部分年轻读书人早已准备出洋留学，或进入新学堂；对新知识没有感觉的"举贡生员"，清政府并没有听之任之，让他们流落社会，而是"分别量予出路"②。

---

① 《光绪政要》卷三十一。
② 《德宗实录》卷五四八，273页。

第三编 百年文化启蒙

新文化运动的一条歧路：改造国民性

国民性改造是新文化运动的一个主题，多年来对此已有很多极富价值的讨论。然而如果从大历史视角进行观察，又很容易发现国民性改造既是新文化运动的一个主题，又是新文化运动的一条歧路。改造国民性，其实与近代以来启蒙主义宗旨相背离。

冲决网罗

新文化运动的发生，主要是因为中国社会在与西方接触后遭遇了新的因素。新文化运动的起点，狭义或以为陈独秀创办《新青年》，或可推至鸦片战争。其实，传统中国因外来因素发生裂变，大致可以追溯到明代中晚期，那时中国思想的变动，也早被学者定性为"早期启蒙思潮",或晚明"思想异端"。侯外庐说:"中国启蒙思想开始于十六七世纪之间,这正是'天崩地解'的时代。思想家们在这个时代富有'别开生面'的批判思想。"①

侯外庐这个看法来源于马克思。马克思《资本论》分析了资本主义兴起、发展,以为资本主义尽管发生在西欧,但其影响迅速超越欧洲,向全球蔓延。资本主义发展推动了第一波全球化浪潮,"商品流通是资本的起点。商品生产和发达的商品流通,即贸易,是资本产生的历史前提。世界贸易和世界市场在十六世纪揭开了资本的近代生活史"②。据马克思分析,全世界被动卷入资本主义是历史必然,差别只是时间。

根据可信文献,中国很久以来与世界有着密切的贸易往来。秦汉帝国开启了此后千年影响深远的丝绸之路,深刻影响了中亚、西亚,甚至向欧洲一些地方辐射。到了唐宋,特别是宋代,中国不仅是全球贸易积极参与者,而且在全球贸易中占据极大份额。中国的遗憾在于没有随着全球贸易发展引发自身的产业革命,但重视全球贸易的事实,让中国在接纳来自西欧近代生产方式时,并不存在窒碍,或不适。

中国具有重视贸易的传统,但是由于中国社会重心在农业,贸易、商业要素受到极大遏制,重农抑商成为历代执政者的基本立场。尽管如此,在中国社会内部很早就孕育着商品经济要素,孕育着资本主义萌芽,这些萌芽一旦遇到来自欧西的资本主义,社会性质不能不因此而变化。二十世纪中晚期史学界关于"资本主义萌芽"的

---

① 侯外庐:《中国思想通史》卷五,5页,北京:人民出版社,2011年。
② 《资本论》卷一,167页,北京:人民出版社,2004年。

研究，为我们重新理解晚明以来社会变迁提供了学理依据。

随着资本主义要素积累，中国社会酝酿着"天崩地解"大变局，具有近代性质的市民运动此伏彼起，挑战权威的政争、清议、公论一浪高过一浪。随着经济生活变化，市民阶层在消费方式上也在变化，渐渐具有打破原来尊卑贵贱等级制度，趋于平等消费的意思。凡此，又对思想意识、道德伦理形成冲击，所谓"异端思想"，其实就是对儒家伦理的抗争。一个最极端例子是李贽：

> 李贽壮岁为官，晚年削发。近又刻《藏书》《焚书》《卓吾大德》等书，流行海内，惑乱人心。以吕不韦、李园为智谋，以李斯为才力，以冯道为吏隐，以卓文君善择佳偶，以秦始皇为千古一帝，以孔子之是非为不足据。狂诞悖戾，不可不毁。尤可恨者，实居麻城，肆行不简，与无良辈游庵院，挟妓女，白昼同浴。勾引士人妻女，入庵讲法，至有携衾枕而宿者，一境如狂。又作《观音问》一书，所谓观音者，皆士人妻女也。后生小子，喜其猖狂放肆，相率煽惑。至于明劫人财，强搂人妇，同于禽兽而不之恤。迩来缙绅士大夫，亦有诵咒念佛，奉僧膜拜，手持数珠，以为戒律，室悬妙像，以为皈依。不知遵孔子家法，而溺意于禅教沙门者，往往出矣。①

李贽的言行，表面上看与魏晋名士"非汤武而薄周孔""越名教而任自然"的情形相类似，实际上，李贽的时代，李贽的思想行

---

① 容肇祖：《明代思想史》，233页，济南：齐鲁书社，1992年。

为,已蕴含有近代因素,从思想异端层面分析,其表现是人性的释放,是对礼教的控诉,是一个全新文化的萌生。

社会生活的变化,必然导致思想观念的更新;思想观念的更新一定会促使制度反省。明清之际中国思想之最大进步,还不是李贽式的反叛,而是顾炎武、黄宗羲、王夫之等基于明亡切肤之痛,反省制度缺失。

顾炎武目睹晚明政治动荡,以为"天下之大患,莫大乎贫"①,主张"善为国者,藏(富)之于民"②,主张尊重民众合乎情理的私欲,"合天下之私以成天下之公"③。这反映了早期有产阶级、新兴市民阶层的利益、愿望。

明亡后,黄宗羲潜心研究历史,"常疑孟子一乱一治之言,何三代而下之有乱无治?"④研究的结果,以为制度之恶莫过于后世君主视天下为"一人一姓"之私产:

> 后之为人君者不然,以为天下利害之权皆出于我,我以天下之力尽归于己,以天下之害尽归于人,亦无不可;使天下之人不敢自私,不敢自利,以我之大私为天下之大公。始而惭焉,久而安焉,视天下为莫大之产业,传之子孙,受享无穷;汉高帝所谓"某业所就,孰与仲多"者,其逐利之情不觉溢之于辞矣。此无他,古之以天下为主,君为客,凡君之所毕世而经营者,为天下也。今也以君为

---

① 《亭林文集》卷一。
② 《日知录》卷十二。
③ 《亭林文集》卷一。
④ 《明夷待访录·序》。

主,天下为客,凡天下之无地而得安宁者,为君也。是以其未得之也,荼毒天下之肝脑,离散天下之子女,以博我一人之产业,曾不惨然,曰我固为子孙创业也。其既得之也,敲剥天下之骨髓,离散天下之子女,以奉我一人之淫乐,视为当然,曰此我产业之花息也。然则为天下之大害者,君而已矣。向使无君,人各得其自私也,人各得自利也。呜呼,岂设君之道固如是乎!①

古典中国思想中出现过无君论、乌托邦,但像黄宗羲这样将人类社会的罪恶归罪于君主,在过往中国思想史中并不曾见过。黄宗羲批判的锋芒对准了君主专制体制,其启蒙意义,深刻影响了近代谭嗣同。谭嗣同说:

自生民以来,迄宋而中国乃真亡矣!天乎,人乎,独不可以深思而得其故乎?至明而益不堪问,等诸自郐以下可也,虑皆转相授受,自成统绪,无能稍出宋儒之胯下,而一睹孔教之大者。其在上者,亦莫不极崇宋儒,号为洙泗之正传,意岂不曰宋儒有私德大利于己乎?悲夫,悲夫!民生之厄,宁有已时耶!故常以为二千年来之政,秦政也,皆大盗也;二千年来之学,荀学也,皆乡愿也。惟大盗利用乡愿;惟乡愿工媚大盗。二者交相资,而罔不托之于孔。被托者之大盗乡愿,而责所托之孔,又乌能知孔哉?②

---

① 《明夷待访录·原君》。
② 《仁学》二十九。

谭嗣同接续黄宗羲等人启蒙思路，将批判锋芒对准"秦政""荀学"，其方向是对的，是传统中国向现代中国转型的必由之路。秦汉以来建构的帝国模式，原本合乎农业社会的需求，政治上的郡县制、选举制，社会上的宗法制，思想上的儒术独尊，经济上的重农抑商，对待周边的以夏化夷、宗藩体制等，大致合乎中国两千年社会发展需要。不论是蒙元时期的马可·波罗，还是明代晚期来华的利玛窦，他们从域外眼光打量中国，在某种意义上看到了中国文明的优长之处，甚至有"历史终结"的感觉。

然而到了中国社会有了西方因素，开始向近代转型后，秦制、荀学不再是中国社会稳定的积极因素，而是走向了反面，成为中国社会停滞的根源。谭嗣同大声疾呼"冲决网罗"，敏锐且准确看到了走向未来、走向现代的症结之所在。

新民与旧民

近代中国是历史没有沿着黄宗羲、谭嗣同指引的方向顺畅走下去，而是挫折连连，进两步退一步。这里面的原因很复杂，但其中一个不可忽视的因素，是中国文明太丰厚，太悠久，用"五四话语"说，历史的包袱太沉重。

其实在中西文明刚接触的时候，中国文明对于域外文明并没有后来的拒斥，而西方看东方，也没有后来的蔑视。马可·波罗对中国文明的赞美因文本真实性存疑，姑且勿论。利玛窦及其对中国的观察，东西方几百年来并没有人怀疑，利玛窦的观察深刻影响了西方，而他的观察，从启蒙主义眼光看，则具有非同寻常的正面意义。

利玛窦认为，中国社会实现了人类"哲学家治理"的梦想：

> 他们全国都是由知识阶层，即一般叫做哲学家的人来治理的。井然有序地管理着整个国家的责任完全交付给他们来掌握。军队的官员都对他们十分尊敬并极为恭顺和服从，他们常常对军队进行约束，就像老师惩罚小学生那样。战争政策由哲学家规划，军事问题由哲学家决定，他们的建议和意见比军事领袖的更受皇上的重视。①

假如利玛窦的描述是历史真实，那么哪里还有谭嗣同的抱怨与牢骚呢？

利玛窦的描述是真实的，谭嗣同的抱怨也是真实的。语境转换主要是时代的变迁。利玛窦时代中国还处在帝制巅峰期，西方发展还没有对中国构成实质性威胁。而谭嗣同时代则不然。帝制中国经过两次鸦片战争、中法战争，特别是甲午战争打击，久已失去"天朝上国"的威风，"世变之亟"、救亡图存，成为谭嗣同那代人心中最大的隐痛，因而倡导维新，推动变法，寻找中国走向富强的途径。要实现这个诉求，在那一代启蒙思想家看来，关键在于"新民德"，由此开启"国民性改造"之先河。

"新民德"的说法来自严复。严复1895年指出，中国的富强道路，质而言之，不外利民云尔。"然政欲利民，必自民各能自利始；民各能自利，又必自皆得自由始；欲听其皆得自由，尤必自其各能自治始；反是且乱。顾彼民之能自治而自由者，皆其力、其智、其

---

① 《利玛窦中国札记》，59页。

德诚优者也。是以今日要政，统于三端：一曰鼓民力，二曰开民智，三曰新民德。"①严复的"三民主义"一方面是为中国富强寻找一条新通道，另一方面坐实先前几十年传教士对中国国民性的分析，以为既有国民性不足以担当走向现代的大任，中国现代化，除了器物、制度层面，还有"人的现代化"。

就其大概而言，在马戛尔尼1793年来华前，在华西人大致沿袭利玛窦的看法，对中国文明抱持敬意，至少以为中西文明可以互补，他们对中国文明也有批评，不过这种批评是基于不同文明背景的善意提醒。但在马戛尔尼、阿美士德（1816年）两个访华使团相继失败后，西方人对中国的观感发生急剧变化，他们不仅看到了中国的颓败，而且从中体悟到中国国民性中隐含着根本缺陷。1865年，赫德发表《局外旁观论》，对中国内政外交提出诸多批评，以为中国改革之所以如此困难，主要是因为中国官僚阶层尽职者少，营私者多，"文武各事之行，尽属于虚，执法者唯利是视，理财者自便身家"。如此官风民风，焉能远情上达，上令远行？

第二年（1866年），威妥玛在《新议略论》中批评中国人"好古恶新，谓政治以尧舜之时为最，外国人考察内外不同之事，惟以此件为独特"。

1875年，林乐知在《中西关系略论》中指出，外国人视古昔如孩提，视今时如成人，以一种进化眼光看待历史，而中国刚好相反，"以古初为无加，以今时为不及"，是一种以复古为基本取向的历史观。这种历史观差异，"故西国有盛而无衰，中国每每颓而不振；西国万事争先不敢落后，中国墨守成规而不知善变"。林乐知这些描述

---

① 《原强》。

深刻影响了后来的中国人，严复二十年后对中国国民性的分析，与林乐知的描述极为相似：

> 尝谓中西事理，其最不同而断乎不可合者，莫大于中之人好古而忽今，西之人力今以胜古；中之人以一治一乱、一盛一衰为天行人事之自然，西之人以日进无疆，既盛不可复衰，既治不可复乱，为学术政化之极则。①

> 彼西洋者，无法与法并用而皆有以胜我者也。自其自由平等观之，则捐忌讳，去烦苛，决壅蔽，人人得以行其意，申其言，上下之势不相悬，君不甚尊，民不甚贱，而联若一体者，是无法之胜也。②

启蒙真谛

严复"国民性改造"路径受传教士启发，不过严复并不认为改造国民性主要是因为中国人"丑陋"，或劣根性，中国人需要更新人生观、价值观，是因为时代在变化，一个与农业文明全然不同的工业文明、现代社会，需要的是国民、公民，而不再是奴隶、仆役。

> 是故西洋之言治者，曰国者，斯民之公产也，王侯将

---

① 《论世变之亟》。
② 《原强》。

相者，通国之公仆隶也；而中国之尊王者，曰天子富有四海，臣妾亿兆。臣妾者，其文之故训犹奴虏也。夫如是则西洋之民，其尊且贵也，过于王侯将相，而我中国之民，其卑且贱，皆奴产子也。设有战斗之事，彼其民为公产公利自为斗也，而中国则奴为其主斗耳。夫驱奴虏以斗贵人，固何所往而不败？①

显然，严复所谓"鼓民力、开民智、新民德"之"三民主义"，其价值诉求就是将传统中国引向现代，重构"以自由为体，以民主为用"的新社会。②

谭嗣同"冲决网罗"的启蒙路径将"秦制"作为攻击目标，严复"新民德"以西方近代价值引导中国，他们的讨论虽然触及传教士提及的中国人负面形象，然总体上并不认为中国需要一次彻底的"国民性改造"。到了康有为，情形则发生了变化。梁启超《南海康先生传》说：

（康）先生又宗教家也。吾中国非宗教之国，故数千年来，无一宗教家。先生幼受孔学，及屏居西樵，潜心佛藏，大彻大悟；出游后，又读耶氏之书，故宗教思想特盛，常毅然以绍述诸圣，普度众生为己任。先生之言宗教也，主信仰自由，不专崇一家，排斥外道，常持三圣一体诸教平等之论。然以为生于中国，当先救中国；欲救中国，不可

---

① 《辟韩》。
② 《原强》。

不因中国人之习惯而利导之。又以为中国人公德缺乏，团体涣散，将不可以立于大地；欲从而统一之，非择一举国人所同戴而诚服者，则不足以结合其感情，而光大其本性。于是乎以孔教复原为第一着手。

改造国民性，培养国民公德意识，以先觉觉后觉，成为康有为自以为是的历史使命。

接续乃师，梁启超认为中国之所以一败再败，主要在于国民性：

> 以吾中国四万万戴天履地含生负气之众，轩辕之胤，仲尼之徒，尧舜文王之民，乃伈伈俔俔，忍尤攘诟，缅然为臣，为妾，为奴，为隶，为牛，为马于他族，以偷余命而保残喘也。《记》曰哀莫大于心死。心死者，诟之而不闻，拽之而不动，唾之而不怒，役之而不惭，刲之而不痛，縻之而不觉。此其术也，自老氏言之，谓之至道；而自孔子、孟子言之，谓之无耻。

于是，梁启超对国民性的批判，是全方位的：

> 官惟无耻、士惟无耻、商惟无耻、兵惟无耻、民惟无耻，"吾中国四万万人者，惟不知无耻之为可耻以有今日"，因此中国只有痛下决心，彻底改造国民性，"愿吾侪自耻其耻，无责人之耻，贤者耻大，不贤耻小，人人耻其耻而天下平。"①

---

① 《知耻学会叙》。

梁启超所谓"新民说",就是期待中国人洗心革面,从头开始,"为中国今日计,必非恃一时之贤君相而可以弭乱,亦非望草野一二之英雄崛起而可以图成,必其使吾四万万人之民德、民智、民力,皆可与彼相埒,则外自不能为患,吾何为而患之?"①

康有为、梁启超以先觉者姿态指责国民麻木不仁、缺少公德,不关心公共事务,不关心国家前途。他们忘了从孔子到顾炎武的教诲:国之大事,肉食者谋之。政治家不能很好地治理国家,博弈政治,而是博取民众同情,借力民众,进而指责民众愚昧,又有多少道理呢?

沿着康梁思维路径继续演化,遂有陈独秀对成年人彻底失望,转而将希望寄托在青年一代身上,近乎完全放弃了与同龄人周旋:

> 青年如初春,如朝日,如百卉之萌动,如利刃之新发于硎,人生最可宝贵之时期也。青年之于社会,犹新鲜活泼细胞之在人身。新陈代谢,陈腐朽败者无时不在天然淘汰之途,与新鲜活泼者以空间之位置及时间之生命。人身遵新陈代谢之道则健康,陈腐朽败之细胞充塞人身则人身死;社会遵新陈代谢之道则隆盛,陈腐朽败之分子充塞社会则社会亡。②

陈独秀对"新青年"的恭维,意味着他对中国政治整体失望。他在经历了辛亥革命、二次革命一系列失败后,深切体会中国问题

---

① 《新民说》。
② 《敬告青年》。

积重难返，就是因为国民不觉悟，不觉醒，普遍处于麻木愚昧状态。因此，他期待一次深刻的思想革命，期待将民众从专制主义束缚中解放出来，重构全新价值观。新价值观标准，就是他在《敬告青年》中强调的六条：

> 自主的而非奴隶的；
> 进步的而非保守的；
> 进取的而非退隐的；
> 世界的而非锁国的；
> 实利的而非虚文的；
> 科学的而非想象的。

革命一再失败不仅影响了陈独秀，而且使孙中山、李大钊、蔡元培、鲁迅，乃至毛泽东等人思想都在变。孙中山原本对中国人国民程度有过相当高的估计，但在二次革命后也激烈抨击中国人奴性、保守、自我封闭。李大钊将中国人劣根性放到"东洋民族性"框架中进行讨论，以为麻木、自私、愚昧、不洁、诈伪、奴性、守旧等，除了专制主义、纲常名教影响，主要还是以为东方国家的自然条件、经济条件与近代西方不同。① 由此，五四思想家渐渐将对专制主义制度批判转换为对底层民众的嘲讽，这一点尤以鲁迅最突出。

鲁迅强调他之所以将制度批判转换为国民性批判，是因为革命失败：

---

① 李大钊：《东西文明根本之异点》。

> 说起民元的事来，那时确实光明得多，当时我也在南京教育部，觉得中国将来很有希望。自然，那时恶劣分子固然也有的，然而他总失败。一到二年二次革命失败之后，即渐渐坏下去，坏而又坏，遂成了现在的情形。其实这还不是新添的坏，乃是涂饰的新漆剥落已尽，于是旧相又显了出来，使奴才主持家政，哪里会有好样子。最初的革命是排满，容易做到的，其次的改革是要国民改革自己的坏根性，于是就不肯了。所以此后最要紧的是改革国民性，否则，无论是专制，是共和，是什么什么，招牌虽换，货色照旧，全不行的。①

于是，鲁迅为后世留下了阿Q、孔乙己、祥林嫂等中国人形象，艺术展示国民愚昧无知、自私自利、奴性卑怯等性格。至此，因西方因素进入而引发的新文化运动，终于从对专制主义批判，完全转向国民性批判。

国民性改造、批判，将民众视为教育对象。其实，传统中国政治伦理素来强调的是"君者舟也，庶人者水也。水则载舟，水则覆舟"。②人民的喜怒哀乐是政治家的行为依据，足以决定政治统治兴废存亡。君行道，民必归之；君行不义，民必叛之。是民众决定统治者的命运，而不是相反。从这个意义上说，所谓国民性改造，就是新文化运动的一条歧路。

---

① 《两地书》八，《鲁迅全集》第11卷，469页，北京：人民文学出版社，2005年。
② 《荀子·王制》。

文化的根本在政治
——关于新文化运动方向选择的反省

从中国政治发展的角度看,五四新文化运动的发生与前此中国政治的急剧变化密切相关,是二十世纪初中国人精神迷惘与探索的继续和发展。

辛亥革命以及随之而来的政治上的剧烈变动,造成国人信仰的空前危机与混乱,中国向何处去?又一次成为中国人心头久久不能忘怀而苦苦思索的问题。

正如鲁迅在1932年的一篇文章中所回忆的那样:"见过辛亥革命,见过二次革命,见过袁世凯称帝,张勋复辟,看来看去,就看得怀疑起来,于是失望,颓唐得很了。"

总之,是辛亥后的一系列复辟事件导致新知识分子在政治上的失望,使他们觉得中国问题的根本可能不在建立新的政治体制,而是在于文化的层面，在于中国的文化传统。

因此，五四新知识分子提出全盘反传统的政治主张，以为只有彻底打碎中国的旧传统，彻底放弃以儒家伦理为中心的价值观念，中国才有希望。

陈独秀坚定地认为："吾敢断言：伦理的觉悟，为吾人最后觉悟之最后觉悟。"这就比较明白地宣示要以文化问题作为中国一切问题的根本，显然具有文化决定论的味道。陈独秀的分析自然有一定的道理，辛亥后中国政治上的一系列重大事件之所以发生，确然有文化方面的原因，尤其是袁世凯的帝制自为、张勋的帝制复辟，几乎都可以看到中国传统文化的负面影响，以儒家伦理为核心的传统文化不仅培育了袁世凯、张勋等人浓厚的帝王意识，而且也是近代国人政治上不觉悟的根源。

旧的文化传统培育了帝制复辟的社会土壤，因此要建立民主共和的新的政治体制，就必须彻底打碎旧的文化传统。然而我们现在要问的是，旧的文化传统从何而来？以儒家伦理为中心的帝王意识为何不能随着民主共和体制的建立而自然消亡？

按照马克思主义的基本观点，社会存在决定人们的社会意识，文化传统虽然有其自身独立的演变发展规律可循，但在决定性的层面上，它依然受制于社会存在。

辛亥革命通过暴力手段推翻了统治中国长达两千余年的帝王专制体制，但并没有迅速改变中国社会的基本结构和中国人的基本生存方式。中国当时所面临的重大问题，实际上就是孙中山在辛亥革命之后立即提出的问题，即民主、民族两大问题已经解决，中国必须尽快转入和平的建设阶段，迅速发展社会生产力，着手解决民生问题。

孙中山的思路反映了当时国内一般人士的普遍看法，因此在孙中山让位于袁世凯之后，中国国内确曾出现过一段时间的经济建设的新热潮，孙中山本人期望致力于铁路的建设与开发，黄兴也有解甲归田从事实业的考虑，就连只知纸上功夫的著名思想家章太炎，也在民国初年放弃书斋生涯，致力于东三省的实业建设和边疆开发。

如果不发生重大意外的话，中国的经济建设在民国年间必将进入一个黄金时期，中国的综合国力在民主共和政体的框架内必将得到迅速的恢复，中国的社会结构和中国人的基本生存方式也必将很快得到改变。到那时，中国人的意识形态也必将随之而改变，以儒家伦理为核心的传统文化也就自然会随着人们生存方式的改变而改变。

然而人们良好的期待并没有成为现实。袁世凯在其执政的第一年，虽然受制于《临时约法》内阁制的束缚，无法尽情施展自己的"新观念、旧手段"，但他基本上是在民主共和的框架内处理问题。

然而到了宋教仁血案爆发之后，不仅袁世凯开始"溢出"民主共和的正轨，就连南方的共和党人也不愿继续遵循民主共和的原则去解决问题，而是寄希望于武力解决，从此中国政治再也无法在民主宪政的体制内进行，武人专制、军阀割据由此形成，他们动辄以实力进行较量，中国的政治运转实际上沦为军阀们操纵的工具。

五四新文化运动的领袖们看到了这一点，但他们将之归结为文化的原因实在是过于深奥，并没有找到根治此种痼疾的良药。

事实上，政治家们脱离民主的轨道去解决问题，并不必向文化的方面去寻找原因，而应该从政治本身寻求答案。

就政治本身而言，辛亥革命之后建立的民主共和体制实质上是就是和平的议会政治、政党政治，各政党都可以在议会进行合法的游说、辩论,以争取议会多数和社会层面的多数。

但议会政治绝对排斥武力,任何政党在参加和平的议会政治时,都应该彻底交出自己的军队,使军队成为国家政权的工具,而不应该成为政治家手中的筹码。孙中山等革命党的领袖们为民国制定了民主的宪法,但他们在宋案发生之后的本能反应不是以法律进行解决,而是借助于武力,进行所谓的"反袁"斗争,由此开启二十世纪中国政治史上最不好的先例。

而袁世凯作为合法的总统,事实上也没有遵守民主宪法所赋予的义务和权利,不论他是否负有宋案的直接责任,但他在骨子里对其政治对手确曾期望从肉体上进行消灭,并利用合法总统的身份命令原本属于国家的军队为其政治利益集团服务。

总之,民初的政治家们都没有遵守民主政治的游戏规则,这既是民国初年政治黑暗的根本原因,也是五四新文化运动的领袖们之所以产生从文化上解决中国问题的直接背景。

政治上的问题只能从政治方面寻找原因,而政治问题也是一切问题的根本。中国只有在政治上有了办法,其他一切问题才会有生机,有出路。反之,政治上没有办法,没有出路,我们即便在文化上彻底否定传统,实行全盘西化,也无法解决中国问题。

政治上有办法,文化问题就能解决;政治上有办法,经济就能发展与繁荣,而经济上的发展与繁荣,就能促进中国民族资产阶级的成长与壮大,而中国民族资产阶级的成长与壮大,反过来就会影响中国的政治发展,使中国政治不再只是武人、军阀手中的工具。

正是从这个意义上说,五四新文化运动的思想家们期望二十年不谈政治,期望以二十年的时间为政治的良性发展打下一个坚实的思想文化基础,可能是找错了方向。五四新文化运动在其后期之所以发生严重分歧,以陈独秀为代表的另一批更为激进的思想家之所以热衷于组建政党,从事政治斗争,期望用政治的手段去解决中国的政治问题,可能和他们已经认识到五四新文化运动的方向选择并不正确有着某种程度的关联。

"文化自信"还是"文化自卑"?

陆九渊说:"东海有圣人出焉,此心同也,此理同也;西海有圣人出焉,此心同也,此理同也;南海、北海有圣人出焉,此心同也,此理同也。千百世之上有圣人出焉,此心同也,此理同也;千百世之下有圣人出焉,此心同也,此理同也。"

中国人早就知道"道理"的普适性,不会刻意强调特殊性,拒绝一切美好的东西。

当然,历史也有例外。比如康熙年间的"不得已案",在剧情上很精彩。

我们知道,传教士利玛窦明万历年间进入中国,带来了西洋天文历算之学,徐光启与之游,尽得其术。崇祯初,日食失验,徐光启上书建议朝廷兼采利玛窦带来的西洋历算,不要墨守成规,固守郭守敬的算法。

徐光启的建议合情合理，那时的朝廷也比较开明，用其议设局修历，徐光启为监督，日耳曼人汤若望被征入局掌推算。在汤若望协助指导下，中国天文历法有了很大改进。崇祯帝知西法果然不一样，遂命据此修改"大统术"，未及成而明亡。

汤若望没有随明亡而中断在中国的服务，而是改官新朝，遵照摄政王多尔衮指示，继续用西洋新法修正历法。顺治元年（1644年），遵命与大学士冯铨率钦天监官员测验天象，唯新法吻合，大统、回回二法有误差。

对于汤若望的成就与敬业，多尔衮深表满意，遂命其掌钦天监，主管天文历法监测与修订。

钦天监有回回科，推算误差最大，久之，汤若望下令撤销了回回科。此举原本只是一个机构调整，但由此得罪回回科吴明炫。吴明炫上书要求朝廷不要裁撤回回科，并指控汤若望新法也有几次测算并不准。朝廷据此派员复查，发现吴明炫所说并不对，遂给吴明炫更严厉的惩罚。

吴明炫的教训并没有引起人们足够重视，相关者并没有吸取教训，研究新法，改进旧法。相反，基于"非我族类其心必异"的偏见，反而更加极端、偏执，最典型的例子就是杨光先。

杨光先属于从旧朝走来的技术官僚，但他的兴奋点不在学问，而在立场与种族。多尔衮命汤若望治历用新法，因而在颁布《时宪历书》时，比较自然在封面上题有"依西洋新法"五字。杨光先上书谓非所宜，又论误以顺治十八年（1661年）闰十月为闰七月，又上所为《摘谬》《辟邪》诸论，猛烈攻击汤若望，指责其所奉天主教"妄言惑众"。这种指责显然超出了天文历法比较纯粹的技术领域了。

如果说杨光先作为比较简单的读书人只是基于一种知识的、种族的偏见，情有可原的话，那么遗憾的是，杨光先的这些指责被政治所利用，不经意间成为政治家手中的工具。

康熙帝初即位，四大臣辅政，其中的鳌拜对小皇帝与汤若望的亲密关系非常不舒服，因而看到杨光先提供的炮弹，不禁暗自欢喜，颇右杨光先。康熙四年（1664年），议政王等定谳，尽用杨光先的说法，谴汤若望，其属官因连带责任至坐死。遂罢新法，复用大统术，任命杨光先为钦天监监正。

杨光先将自己先前所著书编辑为《不得已》，以旧说评判汤若望的新说，当然他也清楚自己的知识与汤若望相比差距不小，多次辞职不准，乃引吴明炫的兄弟吴明烜为钦天监监副。

是时朝廷知杨光先学术不胜任，复用比利时传教士南怀仁治理历法。南怀仁上书弹劾吴明烜造康熙八年、九年历法错误。议政王大臣会议责成大学士图海等二十人重新测算，南怀仁的说法得到证实，吴明烜的说法被证伪。议政王等疏请将康熙九年历法交给南怀仁推算，不料，年轻的康熙帝问道：杨光先先前弹劾汤若望，议政王大臣会议以杨光先何者为是，汤若望何者为非？及新法当日议停，今日议复，其故安在？

对于康熙帝的疑问，议政王从技术层面进行了解释。但南怀仁则从政治层面控告杨光先依附鳌拜诬告汤若望谋叛，蓄意排斥西洋新法。

南怀仁的指控引起了康熙帝的重视，下令议政王大臣会议复查，判杨光先斩。后康熙帝念杨光先年龄太大，免其死，遣回籍，不幸卒于途中。

杨光先的悲剧不是他诬告汤若望制造冤狱，而是他明知西洋新法的好处却蓄意排斥，导致纯技术错误。杨光先之所以刻意这样做，主要是因为在他内心存在着一个"非我族类其心必异"的阴谋论："中国乃尧舜之历,安有去尧舜之君臣而采用天主教历?"杨光先始终怀疑西洋人对中国怀有野心,因而无论西洋历法有多好,中国都不能使用,以"光先之愚见,宁可使中夏无好历法,不可使中夏有西洋人"。没有好的历法,不过如汉代不知"合朔之法",日月食预测不准,但刘汉王朝犹享四百年国祚。

换言之,杨光先以政治优先否决了技术优先,宁愿中国无好法,不可使中国有西洋人。很显然,这是"文化自卑",不是"文化自信"。

梁启超对科学的期望与失望

梁启超（1873—1929），字卓如，号任公。近代中国最重要的启蒙思想家和新学术的开创者，毕生倾情于现代科学，为中国人建立现代科学意识和理念做出了巨大贡献。更值得提及的是，梁启超不是一位空谈家，他既然相信现代科学是拯救中国的不二法门，那么他便身体力行，依据子女性之所近，将九个孩子分别培养成才，其中长女思顺（1893—1966）为诗词研究专家；长子思成（1901—1972）为现代中国著名的建筑学家、中国科学院院士；次子思永（1904—1954）为现代中国著名的考古学家、中国科学院院士；次女思庄（1908—1986）为著名的图书馆学家；四子思达（1912—2001）为经济学和工商管理学家，长期在银行和工商管理部门任职；幼子梁思礼（1924—2016）为当代中国著名的火箭系统控制专家、中国科学院院士，先后领导和参加了多种导弹和运载火箭的控制系统研制试验。一门三院士，不仅在中国历史上空前绝后，即便在人类历史上似乎也不多见。

对现代科学的期望

在梁启超的时代，西方思想文化潮水般地涌入中国，逐渐浸润了国人的心智，然而由于传统文化的深刻影响，士大夫阶层虽然对于中国的落后、挨打感到震惊与痛心，虽然也发出向西方学习的哀鸣，但是就其总体而言，士大夫阶层总是有点瞧不起西方的思想文化特别是科学技术，或者以为那些东西就其根源来说，可能都是中国古代传到西方的，这就是"西学中源"说；或者以为西方的思想文化特别是科学技术，不过是用，不过是末，其价值无法与中国文化之体、之本相比，因而处在中国社会转型期的士大夫阶层从根本上瞧不起西方的思想文化、科学技术，以为那不过是奇技淫巧、雕虫小技。

梁启超则不然。梁启超少年时代也是深受中国传统文化精神的影响，十一岁成秀才，十六岁成举人，以少年科第，且于时流所推重的训诂词章之学，颇有所知，固不免沾沾自喜。然而当他遇到南海康有为，康独特的政治见解和学术看法如"大海潮音，作狮子吼"，从而使梁启超先前所形成的学术看法顷刻瓦解，犹如冷水浇背，当头一棒。梁启超后来在《三十自述》回顾这一思想转变时指出，"辛卯余年十九，南海先生始讲学广东省城长兴里之万木草堂，徇通甫与余之请也。先生为讲中国数千年来学术源流、历史政治沿革得失，取万国以比例推断之，余与诸同学日札其讲义，一生学问之得力，皆在此年"。梁启超从而对西方思想文化、科学技术有了初步了解。

1895年《马关条约》签订前后，梁启超追随乃师康有为联章上书清政府，要求自上而下进行变法，并结合新派知识分子成立强学会，购置一批欧美史地、风情、人文、道德和科学技术方面的著作，以广识见，去成见，营造向西方学习的氛围。翌年，梁启超参与创办《时务报》，更是不遗余力地鼓吹中国向西方学习，尤其是在科学技术方面，以为"舍西学而言中学者，其中学必为无用；舍中学而言西学者，其西学必为无本，皆不足以治天下"。

通过对西方思想文化的研习，梁启超接受了那个时代最为时髦的进化论思想，并以这个思想作为观察世界和改造社会的理论工具，以为世界万物莫不变，昼夜变而成日，寒暑变而成岁；大地肇起，流质炎炎，热熔冰迁，累变而成地球；海草螺蛤，大木大鸟，飞鱼飞鼍，袋兽脊兽，彼生此灭，更代迭变而成世界；紫血红血，流注体内，呼炭吸氧，一日千变而成生人。故上下千岁，无时不变，无事不变。变者，乃古今之公理。基于此种进化思想，梁启超不仅确立了变法维新的政治理念，而且自然比较容易树立起科学人生观。

由康梁发动并得到光绪皇帝支持的维新变法运动在经历了一百天的热闹之后归于沉寂，谭嗣同等六君子罹难，康梁以及那些政治追随者不得不流亡国外，梁启超亦不得不由政治明星退为学术明星，从而使他有足够的时间与精力致力于西方文化的传播，也使他无形中增加了对西方科学文化的理解与认同。他在1898年之后流亡国外的作品中，有相当一部分是介绍欧美近代科学家的学术思想与学术成就的，像卢梭、培根、笛卡尔、达尔文、康德、亚当·斯密、孟德斯鸠以及亚里士多德、柏拉图、苏格拉底、休谟、瓦特、牛顿、斯宾塞、富兰克林等，梁启超都有长短不齐的文章予以介绍。他的《格致学沿革考略》分上古、中古及近古三个时期，简明扼要地评述了化学、物理学、生物学、医学、地质学、数学、天文学、机械学等学科的演变历史。这对于促进国人的科学认识与科学精神的发展，无疑起到了重要的作用，梁启超成为西方科学文化在近代中国最重要的传播者之一。

破除"科学万能"的迷思

梁启超不是职业科学家，他对科学的兴趣也只是局限于科学文化方面，而且一旦条件成熟，梁启超的政治热情远远大于其对科学文化的热情，"好攘臂扼腕以谭政治"，所以科学以及科学文化都不过是他在参政之余的雅兴。

但在经历了辛亥革命、袁世凯时代以及前后两次政治复辟之后，梁启超的政治兴趣大减，深感在政治上已经不可能有所作为，于1917年底毅然辞去段祺瑞内阁的财政总长，脱离官场，向心学术，决心以著述效忠于国家社会。

潜心于学问大约一年，第一次世界大战结束，善后会议即将在巴黎召开。这即将到来的大事件无疑唤醒了梁启超对现实政治的兴趣，他和他的研究系同人谋划漫游欧洲，一来是想自己求得一点学问，且看看这空前绝后的历史惨剧如何收场；二来梁启超和国人一样，都正在做着正义人道的外交梦，以为巴黎和会将要实现公理战胜强权的梦想，真是要将全世界不合理的国际关系根本改造，立个永久和平的基础。为了实现这点理想，梁启超决定以私人资格到巴黎活动，向各国政要以及世界舆论申诉中国的立场，也算尽一分国民责任。

经过一番紧张筹备，梁启超偕刘崇杰（外交家）、丁文江（地质学家）、张君劢（政治家）、蒋百里（军事家）、徐新六（银行家）等于1918年12月28日离开上海，开始了长达一年之久的欧洲游历。

战后的欧洲，满目凄凉，遍体鳞伤，过去的繁华早已被战火吞没，到处是断壁残垣、荒烟蔓草，绝好风景的所在，都被弄成狼藉不堪了。更令人触目惊心的是，欧洲大陆遍布着林林总总的新坟，坟头上插着密密麻麻、成千上万的十字架。面对战争的破坏，梁启超感慨万千，以为自然界的暴力远不及人类，野蛮人的暴力更是没有办法与文明人相比。现在所谓光华灿烂的文明，究竟将来作何结果，越想越令人不寒而栗。

梁启超认为，第一次世界大战给西方文明的破坏是空前的，整个欧洲实际上笼罩在世界末日、文明灭绝的悲观主义情绪之中。欧洲应该向何处去，东西文明的价值究竟应该如何评估，再一次提到了学术界的面前。针对这些问题，梁启超的看法是，欧洲的问题一方面固然由于机器的发明与使用，生产力集中变化；另一方面也因为生计上的自由主义成了金科玉律，自由竞争的结果，终于导致出这些恶劣现象。除此之外，十九世纪中叶以来畅行的生物进化论和以自己为本位的个人主义这两股思潮推波助澜，也是欧洲问题之所以发生的原因之一。梁启超指出，欧洲人之所以失去了安身立命的所在，之所以陷入悲观主义的境地，就在于欧洲人过于相信"科学万能"，以为科学可以解决一切问题。他说，战争中各种发明日新月异，可惜大半专供杀人之用。现在点电灯、坐帆船的人类，实在看不出有什么特别舒服之处。

欧洲问题的根源是否如此姑且不论，然梁启超的认识实际上是在以今日之我否定昨日之我，是将批评的矛头指向了自己早年所信奉的社会进化论以及对现代科学的认知，是对科学的反动。

基于这种认识，欧游归来的梁启超一反常态，反对将科学凌驾于一切事物之上，主张重新认识中国传统文化的价值，向西方推广重视精神生活的东方文化。他在《欧游心影录》指出：

> 当时讴歌科学万能的人，渴望着科学成功，黄金世界便指日出现。如今功总算成了。一百年物质的进步，比从前三千年所得还要加几倍。然而，我们人类不惟没有得到幸福，反而带来了许多灾难，好像沙漠中失路的旅人，远远望见个大黑影，拼命向前赶，以为可以靠它向导；哪知赶上几程，影子却不见了。因此无限凄凉失望。影子是谁？就是这位科学先生。欧洲人做了一场科学万能的大梦，到如今却叫起科学破产来。

第一次世界大战带给人们心灵上极大的震撼，当时不止梁启超本人，举凡对人类命运略表关注的东西方学人，都在思考着西方近代以来的科学除了给人类带来无穷的好处外，是否也有值得反思、值得重新审视的问题？他们一个普遍的看法是，以科学为主要内容的西方文化似乎已经到了山穷水尽的境地，而以精神文明为主要特征的东方文明似乎正好可以用来补西方文明之穷，这在梁启超那里的表现，就是比较审慎地提出了东西文化融合的看法，只是他仍然没有像稍后的梁漱溟那样狂妄地要以东方文明、孔子之道去拯救西方，拯救人类。但是，也正如梁漱溟后来所表白的那样，他之所以敢于如此明白地主张，实在是受了梁启超欧游感想的启发。因此，不管梁启超在《欧游心影录》中所表达的文化理念真实意义如何，他对西方文化的怀疑，对东方文明的期待，实际上不仅背离了他前期的信仰，而且开启了稍后所谓东方文化派的先河。

对玄学的期待

1923年2月14日，张君劢在清华学校做了题为"人生观"的讲演，认为人生观有不同于科学的特点：科学是客观的，人生观是主观的；科学为理论的方法所支配，人生观则起于直觉；科学从分析方法入手，人生观则是综合的；科学为因果律所支配，人生观则为自由意志的；科学起于对象之相同现象，而人生观则起于人格之单一性。因此，人生观没有客观标准，人生观与科学是不相容的，科学解决不了人生观问题。科学可以说明自然现象，却管不着人类的精神现象。人生观问题的根本解决，决非科学所能为力，唯赖诸人类之自身而已。这显然是将法国哲学家柏格森的生命哲学与中国的宋明理学糅合在一起，刻意宣扬自由意志，将科学逐出人生观的领地。

张君劢与梁启超有师生之谊，他在陪同梁启超漫游欧洲的时候，也与梁启超一样深切地感到了西方物质文明的破产，与乃师梁任公一样开始怀疑科学的功能与地位，以为科学并非万能。所以，张君劢以反对科学万能为宗旨的这个演讲，在某种程度上说正与梁启超的思想主张契合。

对包括科学在内的一切保持适度的怀疑原本是一种科学的态度，然而张君劢的演讲实质上已经不是对科学的适度的怀疑，而是在宣扬一种非常有害的思想主张，所以，当张君劢的演讲发表之后，他的好友丁文江读后不禁"勃然大怒"。

丁文江与梁启超也有师生之谊，他与张君劢也一起陪同梁启超漫游欧洲，不过，由于他受过良好的科学训练，稍后又成为中国最著名的地质科学家，所以他从根本上不能认同梁启超、张君劢的"科学破产"思想倾向。丁文江认为，如果科学像张君劢所说的那样，并不能支配人生观，那么科学还有什么用处？他们两人面对面地辩论了两个小时，但谁也说服不了谁。于是，为了拯救被"玄学鬼附身"的张君劢，更为了提醒没有被玄学鬼附在身的青年学生，丁文江迅即在《努力周报》上发表《玄学与科学——评张君劢的"人生观"》一文，严厉批评张君劢的主张，竭力为科学辩护，以为第一次世界大战的结果并不能证明科学破产。无论如何，人生观都要受到科学的公例、定义及方法的支配。凡是心理的内容，真的概念推论，无一不是科学的材料。科学方法不但是求真理所必须，也是教育同修养的最好工具。人类今日最大的责任与需要不是在人生观上排斥科学，为玄学留下一块空地，恰恰相反，是把科学应用到人生问题上去。

面对丁文江的反驳，张君劢撰《再论人生观与科学并答丁在君》长文，分上中下连载于《北平晨报》副刊，就其所谓自由意志的人生观做了进一步的阐释，倡言重建"新宋学"以解决中国人所面对的人生困惑。

丁文江、张君劢二人的相互辩难，引起了舆论界的重视，学界名流胡适之、吴稚晖、王星拱、唐钺、朱经农站在丁文江的一边，坚持"科学的人生观";而张东荪、林宰平、瞿菊农、屠孝实则赞同张君劢的"新宋学"。

学界的喧嚣自然引起不甘寂寞的梁启超的注意,不过由于丁文江、张君劢二人都与其有师生之谊,都是他的追随者,而参与讨论的学界中人,也大多是朋友,所以"老辈"的梁启超似乎无法尽情讨论,担心论战伤了各方的和气,他在同年5月9日发表了一篇《关于玄学科学论战之"战时国际公法"——暂时局外中立人梁启超宣言》,希望各方平心静气地加以讨论,万不可有"越轨的言论"。他为论战各方制定的两条"战时国际公法"是:

第一,问题一定要集中,针锋相对,剪除枝叶。

第二,措辞一定要庄重恳挚,万不可有嘲笑或谩骂语。

稍后,耐不住寂寞的梁启超正式参战,宣称他不是加在哪一边去参战,也不是想斡旋两造做个调人,尤其不愿也不配充当"国际法庭的公断人"。他表示他不过是一个观战的新闻记者,把所观察得来的战况随手批评一下便了。于是,梁启超于5月29日发表了《人生观与科学——对于张、丁论战的批评》,以"长者"的身份对论战两造各打五十大板:

对于张君劢的观点,所谓人生观不能用科学方法解答者,依梁启超看来,十有八九倒是要用科学方法解答。他还认为,"君劢尊直觉,尊自由意志,我原是赞成的,可惜他应用的范围太广泛而且有错误"。

对于丁文江,梁启超批评他"过信科学万能,正和君劢之轻蔑科学同一错误"。他指出,在丁文江的那篇批评张君劢的文章中,"很像专制宗教家口吻,殊非科学者态度,这是我最替在君可惜的地方"。

批评了论战的两造之后,梁启超全面阐述了自己对"科学"与

"人生观"的看法。他首先为人生观与科学这两个概念定义：

人生观：人类从心界、物界两方面调和结合而成的生活叫作人生；我们选一种理想来完成这种生活，叫作人生观。

科学：根据经验的事实，分析综合，求出一个近真的公例，以推论同类事物，这种学问叫作科学。

用这种概念看待科学与人生的关系，梁启超的答案是：人生问题有大部分是可以，而且必须用科学方法来解决的；却有一小部分，或者还是最重要的部分是超科学的。换言之，人生关涉理智方面的事项，绝对要用科学方法来解决；关涉情感方面的事项，绝对的超科学。情感表出来的方向很多，内中至少有两件的的确确带有神秘性，就是"爱"和"美"。梁启超强调，"科学帝国"的版图和威权无论扩大到什么程度，这位"爱先生"和那位"美先生"依然永远保持他们那种"上不臣天子，下不友诸侯"的身份。

梁启超对张君劢、丁文江的主张都进行了批评，似乎提出了自己的这种主张。其实，他把人的理智与情感截然分开，认为理智受科学支配，情感超乎科学，否认科学是对客观物质环境的反映，这恰恰暴露了他的主观唯心主义思想倾向，暴露了他对科学的忧虑以及对玄学神秘主义的亲近。表面上的折中主义终究无法掩盖其思想本质上的玄学鬼。

对科学的失望

当梁启超毫不客气地批评张君劢、丁文江，直接介入科学与玄学论战的时候，不论他的思想主张我们是否赞同，但我们都明显地感觉到他的自信与孤傲。这是一流学者的美德。

然而世事难料。介入科学与玄学论战稍后,向来以身体状况良好而自豪的梁启超年仅五十,却因心脏不太好而一度闭门谢客。第二年,更因妻子李蕙仙因癌症病逝,梁启超受到沉重打击,半年以来,耳所触的只有病人的呻吟,目所接的只有女儿的涕泪。丧事初了,爱子远行留学,中间还夹杂着时局混乱,变乱如麻,风雪蔽天,生人道尽。怏然独坐,几不知人间何世?平日意绪活泼、兴会淋漓的梁启超,顿觉了无生趣,嗒然气尽。

长年累月的勤奋工作早已使梁启超的身体严重透支,而爱妻的长别终于诱发了他体内存在的病灶。稍后,梁启超发现小便带血,其实已患尿毒症。但他为了不给家人增加负担,密不告人,期望稍事休息能够好转。笃信科学的梁启超犯了科学的大忌,不料一年后病情加重,不得已于1926年初住院检查。

基于近代科学理念,梁启超向来笃信科学,其治学之道,亦无不以科学方法从事研究,故其对西洋医学向极坚信,对于其病情毅然一任协和医院处置。其友人中有劝其赴欧美就名医诊治者;有鉴于其肾病尚未完全确诊,谓不必割治,辞却一切事务专心调养者;有劝其别延中医,谓有某人亦同患此病,曾服某中医之药而痊愈者。众论分歧,莫衷一是。而梁启超则信心十足微笑曰:"协和为东方设备最完全之医院,余即信任之,不必多疑。"一切听任协和专家处置。

协和专家通过对梁启超病情会诊,认定其右肾上生有一个瘤子,遂决定为其实施手术,于3月16日将右肾全部切除。瘤子切除之后并没有止住便血,显然西医的诊断可能有问题,至少是不准确的。全部切除的治疗手段也过于草率,协和的专家通过病理检查,并没有在切除的右肾中发现病变。换言之，即便尿毒症的诊断不误，那么手术也是失败的，即将好肾切除了，将坏肾予以继续保留。这显然是重大医疗事故。

对于协和的失误，梁家人表示愤怒，并希望能够通过法律予以解决。对于家人的想法，梁启超表示不能同意，他在《北平晨报》上发表的《我的病与协和医院》，公开为西医科学性辩护，希望人们不要因为个别病例误诊而全面否定西医的科学性。梁启超还叮嘱家人，在其去世后，将遗体捐给协和医院进行解剖，务求病原之所在，以供医学界参考。

协和医院的误诊对于毕生坚信科学救国、对现代科学充满无限期待的梁启超，固然是莫大的讽刺；而梁启超对此能够如此大度宽容，也使我们看到了他对科学的信仰与忠诚。不过，有一点值得注意的是，向来笃信西医的梁启超，在出院之后便请中医治疗。

经中医的治疗与调理，梁启超的病情时好时坏，身体一天天衰弱下去。至1928年春，梁启超血压不稳，便血间有，心脏亦在萎缩，于是重新回到北京协和医院，接受西医的治疗。医生不断为他输血，并加强营养，身体渐又好转。出院后，梁启超辞去清华研究院的教职，回天津家中静养。但他总是静不下来，又着手编辑辛弃疾年谱。9月24日，编至辛弃疾五十二岁时，突然痔病大发，三天后入京就医。稍好后，出院回津，时有发烧，心情苦闷。10月12日，甚觉无聊，又伏案作辛弃疾年谱，写至辛六十一岁时，朱熹去世，辛亲往吊唁，作文以寄哀思，梁录此文中四句是："所不朽者，垂万世名。孰谓公死，凛凛犹生。"这最后的绝笔，犹如梁任公的自我写照，似乎在自述身后的感受，因此当他写完最后一个"生"字时，他那支巨大的毛笔便再也扶不起来了，时在午后3时许。

11月27日，梁启超被送往北京协和医院抢救，但收效甚微。1929年1月19日午后2时15分，近代中国一颗璀璨夺目的学术巨星永远闭上了眼睛，时年56岁，正值一个学者的黄金岁月，倘若天假以年，以梁启超的才华与勤奋，他一定会为后世中国留下更加丰厚的文化财富。

启蒙在路上

不经意间，新文化运动竟然走过了100年的路程。

100年，中国的面貌发生了天翻地覆的变化：一个纯粹的农业文明，终于接纳了工业文明、商业文明，并且几乎与世界同步建构互联网时代的信息文明。这都是了不起的进步。然而，我们在物质文明取得如此迅猛发展的时候，在思想观念上与世界的距离似乎从来没有现在这样大。

由此，我想到了李泽厚。

30年前，新文化运动70周年的时候，李泽厚"先知"般警告不应重蹈"救亡压倒启蒙"覆辙。李泽厚为《启蒙与救亡的双重变奏》这篇经典标出四个要点：第一，陈独秀1916年提出"最后觉悟之觉悟"，反对传统，呼喊启蒙。个性解放与政治批判携手同行，相互促进，揭开了中国现代史的新页。第二，五四运动带来了青年一代行为模式的改变，从婚姻自主到工读互助团。一部分人经由无政府主义，选择了马克思主义。第三，救亡又一次压倒启蒙。知识分子在革命战争中也为这场革命所征服。第四，封建主义并未消除，它在社会主义装束下带来种种祸害，令人重新呼喊"五四"。重要的是转换性的创造。

李泽厚强调，他之所以说"又一次"，是因为类似的"救亡压倒启蒙"的故事在近代中国历史上并不是第一次发生：戊戌前，王照曾劝康有为先办教育培养人才再搞变法改革，康有为回答说，局势严重，来不及了；辛亥前，严复在伦敦遇到孙中山。严劝孙先办教育，孙的回答是："俟河之清，人寿几何。"一万年太久，来不及了。

结果怎样呢？

戊戌变法仅仅进行了100天，公认的结果是除了一个"京师大学堂"勉强保留下来了，其他的新法无不随着变法失败而收回。大清帝国不仅依然如故，而且迅即衍生出盲目排外的义和团运动。

在孙中山等"先知先觉"的推动下，辛亥革命确实发生了，但由于缺少一个思想启蒙的环节，辛亥革命赶走了一个有形的皇帝，却没有祛除人们思想上那个无形的皇帝，所以几年之后，袁世凯称帝。由此，陈独秀提出"吾人最后觉悟之最后觉悟"：

> 自西洋文明输入吾国，最初促吾人之觉悟者为学术，相形见绌，举国所知矣；其次为政治，年来政象所证明已有不克守缺抱残之势。继今以往，国人所怀疑莫决者，当为伦理问题。此而不能觉悟，则前之所谓觉悟者，非彻底觉悟，盖犹在惝恍迷离之境。吾敢断言，曰伦理的觉悟，为吾人最后觉悟之最后觉悟。

李泽厚用历史事实揭示了启蒙在中国现代化进程中具有压倒一切的前置意义，没有现代思想的启蒙，中国不可能走出传统，步入现代。陈独秀曾以过来者的身份证明李泽厚忧虑的正当性、合理性，中国人如果没有伦理层面的最后觉悟，即便接纳了西方的新学术，即便建构了西方式的新政治，中国依然在现代之外。伦理的觉悟，就是中国人的最后觉醒，就是中国最需要的所谓"现代性"。

没有伦理层面的最后觉醒，中国就很难走上现代化的坦途。即便在物质、技术甚至制度上追上了西方，但只要遇到挫折，依然会在第一时间向后转，做出常态社会很少出现的反常举措。后来被普遍视为"文化保守主义者"的梁漱溟在1919年五四爱国游行之后迅即指出，五四爱国游行是国人对巴黎和会将要通过的决议施加民间外交的压力，表达国人对山东问题的关切。这是正当的，也是应该的。但是，这种表达一旦过度，衍生出"火烧赵家楼"之类的事件，表面上是"爱国急公"的行为，然而从效果或后果上看，实则是对启蒙的反动，是对现代社会秩序的破坏。"这个毛病不去掉，绝不能运用现在的政治制度，更不会运用未来社会改革后的制度。质而言之，就是不会作现在同以后的人类的生活。不会作这种生活，不待什么强邻的侵略，我们自己就不能在现在世界上未来世界上存在。"

细绎梁漱溟的意思，他所说的道理非常简单，不管是谁，都不能超越社会规范，逾越伦理秩序，爱国主义的适当表达是现代社会可以接受的举动，但是如果以"爱国"的名义逾越法律，实际上就是将爱国主义堕落到了规避责任的避难所，是对现代社会秩序的破坏。从这个意义上说，救亡不是一般意义上压倒了启蒙，简直就是中断了近代以来开启的思想启蒙运动。所谓五四爱国运动，可能正像胡适晚年所批评的那样，相对于思想启蒙，这简直就是"一场不幸的政治干扰"：

> 从我们所说的"中国文艺复兴"这个文化运动的观点看，那项由北京学生所发动而为全国人民一致支持的，在1919年所发生的"五四运动"，实是这整个文化运动中的，一项政治性的干扰。它把一个文化运动转变成一个政治运动。

从政治史的视角进行评估，五四爱国运动实现了两项伟大的政治收获：第一，在全国舆论的谴责下，中国政府将那三位比较亲日的高级外交官撤职了。当然，从更久远的历史事实看，这几个外交官多少都有点委屈，历史事实似乎并不那么简单。这方面的研究，近年来已有不少。① 第二，由于全国学生，甚至是市民、工人的加入，特别是在巴黎的中国留学生的强烈反对，中国参加巴黎和会的代表团屈从于民意，不敢在巴黎和约上签字。这件事情的是非曲直、利弊得失当然还可以继续研究，但毫无疑问的是，五四爱国运动为后世中国开启了多向度的路径。

中国台湾学者吕芳上先生在《从学生运动到运动学生》第四章第一节《谁有青年谁有将来》中说：

> 五四之后的几年，影响于学运发展的，大约有几个明显的因素：第一是新思潮的涌入，第二是政治运动的兴起，

---

① 唐启华：《巴黎和会与中国外交》，北京：社会科学文献出版社，2014年。

第三是政治党派及其意识形态的运作。大体上可以这么说，五四运动把"新学生"的形象塑立起来，但因成功太易、基础太弱、责任太重，加上新思潮涌来太骤，学生旧道德打破，新道德犹未建立，学生在政治运动与社会运动方面，摇摆不定，社会所见是破坏大于建设。接着政治运动的兴起，学生在大时代的呼唤下，逐步投身并加重政治的活动和兴趣，学生大有忘却了学校为何如地，学生为何如人的感觉。同时，求学的兴味与决心自然也因而减退，及至新兴政党，挟其思想学说侵入学界，新旧道德的营垒遂完全打破，学界与政界难脱关系，学潮政潮互为激荡。

"五四"后很长时间，中国教育界失去了前行的方向，刚刚开始不过20年的新教育从此陷入万劫不复的困境。从表面上看，中国教育的堕落是因为外患日深，其实更仔细地分梳可以发现，主要是因为政治家的操控。政治家不是履行职责用外交、军事的手段去化解危机，而是利用一切机会，渲染外患，以救亡压制启蒙，以"爱国"为幌子实现各自的政治理想，而这些政治理想，说到底就是话语权、政治权力的争夺。

在二十世纪很长时间，注意到这种现象的人不是少数，但人们普遍将这个后果归罪于胡适等新文化运动的先驱者。老派学者邓之诚1934年在日记中写道："蒋中正曾言'五四'以后为亡国学风，意即在胡适诸人也。"蒋介石或许看到了问题的症结所在，"五四"后的学风确实被无休止的政治所绑架，大学不再单纯为知识传授的场所，不再单纯是思想的市场、学术的平台及孵化器，大学甚至极端时代的中小学都成为政党、政治家争夺的地方。不过，蒋介石此言是否在指责胡适诸人,可能还有讨论的空间。

至少,胡适对"五四"后中国教育过度政治化也持反对立场。他与蒋梦麟在五四游行一周年的时候联名发表了一篇文章,他们在肯定"五四"带给中国一些新气象的同时,更认为学生运动实际上是变态社会的结果,是政治家不负责任的结果,"社会若能保持一种水平线以上的清明,一切政治上的鼓吹和设施,制度上的评判和革新,都应该由成年的人去料理;未成年的一代人(学生时代之男女),应该有安心求学的权利,社会也用不着他们来做学校生活之外的活动。但是我们现在不幸生在这个变态的社会里,没有这种常态社会中人应该有的福气;社会上许多事被一班成年的或老年的人弄坏了,别的阶级又都不肯出来干涉纠正,于是这干涉纠正的责任遂落在一般未成年的男女学生的肩膀上。这是变态的社会里一种不可免的现象"。

从大历史视角说,1919年的五四爱国运动一方面开启了学生介入现实政治的先河,尽管先前的中国曾不止一次出现过学生干政事件,但这一次的学生运动确实开启了一个全新的时代,过去很长一段时间将五四运动作为新旧民主主义的分水岭,并不是全无道理。只是如果从中国现代化进程视角观察,这场学生运动又确实阻断了近代以来的思想启蒙。

近代中国的历史主题只有一个,这就是蒋廷黻不止一次所提示,中国能否实现现代化,能否与世界一致:

> 近百年的中华民族根本只有一个问题,那就是:中国人能近代化吗?能赶上西洋人吗?能利用科学和机械吗?能废除我们家族和家乡观念而组织一个近代的民族国家

吗？能的话，我们民族的前途是光明的；不能的话，我们这个民族是没有前途的。因为在世界上，一切的国家能接受近代文化者必致富强，不能者必遭惨败，毫无例外。并且接受的愈早愈好。日本就是一个好例子。

中国要想实现现代化，要想利用科学和机械，要想废除传统的家族、家乡观念，重构一个近代民族国家，必须接受新文化运动初期所倡导的民主与科学，也即陈独秀所归纳的"赛先生"与"德先生"："要拥护那德先生，便不得不反对孔教、礼法、贞节、旧伦理、旧政治；要拥护那赛先生，便不得不反对旧艺术、旧宗教；要拥护德先生又要拥护赛先生，便不得不反对国粹和旧文学。"陈独秀的这个论断从后来的观点看，确实存在武断、绝对的毛病，孔教、礼法、旧伦理、旧政治、旧文学并不都是阻碍中国进步的因素。二十世纪中国及东亚诸多其他国家、地区的发展、进步，当然并不像新儒家所说的那样是儒家思想发挥作用的结果，但也在一定程度上证明，儒家伦理与社会进步并不存在直接的窒碍、冲突。但从中国启蒙的历史看，要想为古老，且非常优秀过的中国文明注入现代因素，排斥了民主、科学，却万万不能。传统可以实现创造性的转化，古为今用，但古典中国从未有过的现代意识依然需要启蒙，即便到了中国经济总量跃居世界第二位的今天，中国知识人依然应该随时提醒自己启蒙依然在路上，中国现代化之路依然遥远、漫长。正像唐德刚先生所说："我们东方文明在人类历史上，也曾撑过半边天，汉家自有法度。只不幸这种旧法度在鸦片战后，在西方文明的挑战下，已不能继续存在。冲激于历史三峡之中，随波逐流，它就非转型不可了。"

历史学无法准确预测未来的节点，但历史给人启示，给人智慧。中国要想冲出"历史三峡"，启蒙肯定是一条无法绕开的路。当我们隆重纪念新文化运动100周年的时候，一定要铭记新文化运动的初衷，不负初心，坚韧前行，引领中国走向世界，走向现代。

图书在版编目（CIP）数据

回望：近代一百年 / 马勇著. -- 北京：新星出版社，
2021.7
（马勇讲史）
ISBN 978-7-5133-4401-2

Ⅰ.①回… Ⅱ.①马… Ⅲ.①中国历史－近代史
Ⅳ.①K25

中国版本图书馆CIP数据核字（2021）第045308号

回望：近代一百年
马勇 著

项目统筹：	彭明哲
责任编辑：	李文彧
特约编辑：	秦 青　冯望山
责任校对：	刘 义
责任印制：	李珊珊
装帧设计：	冷暖儿

出版发行：	新星出版社
出 版 人：	马汝军
社　　址：	北京市西城区车公庄大街丙3号楼　100044
网　　址：	www.newstarpress.com
电　　话：	010-88310888
传　　真：	010-65270449
法律顾问：	北京市岳成律师事务所

读者服务：	010-88310811　service@newstarpress.com
邮购地址：	北京市西城区车公庄大街丙3号楼　100044

印　　刷：	天津图文方嘉印刷有限公司
开　　本：	660mm×970mm　1/16
印　　张：	16.75
字　　数：	195千字
版　　次：	2021年7月第一版　2021年7月第一次印刷
书　　号：	ISBN 978-7-5133-4401-2
定　　价：	68.00元

版权专有，侵权必究；如有质量问题，请与印刷厂联系调换。